연어쏘나타

최종한 시집

인지
생략

들꽃시선 109
연어쏘나타

지은이/최종한
펴낸이/문창길
초판인쇄/2010년 5월 20일
초판펴냄/2010년 5월 25일
펴낸곳/도서출판 들꽃
주 소/100-273 서울 중구 필동3가 28-1 서울캐피탈빌딩 B202호
전 화/02)2267-6833, 2273-1506
팩 스/02)2268-7067
출판등록/제5-313호(1992. 5. 15)
E-mail:dlkot108@hanmail.net

값 9,000원
* 파본된 책은 바꾸어 드립니다.

ISBN 978-89-6143-143-9 04810
ISBN 978-89-951327-0-8(세트)

들꽃시선 109

연어쏘나타

최종한 시집

| 시인의 말 |

한 권의 시집을 묶는 두려움은 누굴 돕고자 하는
손바닥만한 뜻의 보람으로 달래봅니다.
제 삶의 모습을 그냥 진솔하게 쓰고자 했습니다.
깊이 드리운 두레박에는 끝 모를 허무만이 건져졌지만
그래도 그 상채기가 모여 이만큼의
진실을 기록한 노트를 만들었지요.
닮고 싶은 시인의 모습인 황금찬선생님과
예리한 붓끝으로 저의 글을 돌아보게 하신
채수영선생님께 깊은 감사를 드립니다.

2010 적산산방에서
최종한

| 연어쏘나타 |

차례

제2부 : 思父曲

제3부 : 詩心

제4부 : 산다는 것은

제5부 : 웃으며 가는 길

묶음 하나

그리움은 꽃으로 피고

그리움은 꽃으로 피고

못 견딜 그리움이 아프게 눈물질 때
우리 서투른 박자와 음정으로
노래 부르자
너는 하늘을 보고
나는 땅을 보고
하늘은 천둥 번개로
장엄한 소나타를 연주하고
땅은 감미로운 들풀들의 속삭임으로
아리아를 부른다.
어느 음악이든 그를 동경하지 않은
예술이 있던가
어느 음악이든 특히 그 가슴깊이
그리움을 갖지 않은 노래가 있었던가.
우리 서투른 노래를
완벽한 화음을 위해 부르리라.
부르다 부르다 겉과 속이 하나 되는
뫼비우스의 띠 같이 둘이 아닐 때
하늘과 땅의 길이 열리고

사랑으로 향한 길도 열리고
절절한 사연의 아픔은
못 견딜 그리움의 강물에
진홍빛 꽃으로 피어나리.

언약으로 피는 꽃

꽃이 피어나는 것은
언약 때문이다.
그 자리 맹세한 언약 지키지 못하면
얼마나 많은 실망의 가슴들이
계절을 울어서 고개 숙여
발걸음 돌려야 할까.
어린 눈망울에 맺히는 이슬 같은
기다림을 알고 있기에
그날의 그 자리,
난 어김없이 찾아가
온 몸의 진을 다 뽑아내 이렇듯
한 송이 꽃을 피우고 있는 것이다.
그 자그마한 씨앗의 언약만 없었다면
계절의 언저리를 돌아
온몸 다 태우는 슬픈 일 따위
하지 않았을 것을
꽃을 피우는 것은 언약이
아프기 때문이다.

깊은 눈 속 들여다보며
동토의 울타리에 모여
가련한 마음끼리 한 언약.
그 언약 무척 아프기 때문이다.
오늘도 언덕배기,
간혹 바람 무섭게 불어오는
타인의 정원에
여린 언약의 꽃들은 무시로 피어난다.
언약은 꽃으로 피어나
수많은 꽃들로 피어나.
꽃무더기 만들고 꽃동산 만들고
언약의 동산에서
그렇게 연약한 마음들이 모여살고
살다 지고
꽃은 언약으로 다시 지고
또 언약으로 피어나고
가련한 마음의 언약으로……

러시아에서

나탈리아의 콧대처럼
러시아의 자존심은 살아있다
블라디보스톡 항구의 나부상처럼
아무렇지도 않은 성의식이
그들을 비하시켜도
전통의 자부심은 무너지지 않고
굳건한 아집의 성 쌓아
비 맞아도 뛰지 않는
우리네 양반의 허세를 보는 듯
내가 슬퍼진다
대국의 향수가
우수리스크의 우정마을에
안개처럼 스믈스믈 피어나고
빅톨쵸이의 혁명적 곡조처럼
애잔한 마음으로도 몸을 맡겨 흔들어대는
이율배반의 아픔이라.
러시아여!
몰락의 터널을 지나는가

번영의 입구를 찾았는가
러시안룰렛의 결단과 비장한 도박을 점치는
패배와 염세의 양심이여
선지피 토해내는 보드카 병나발 멈추고
일어나라. 일어나
대동맥 불끈불끈 뜨거운 피돌기 시작하여
박차고 용틀임하는 너를 보고 싶다
추억의 러시아여!

연어 · 1

험난한 행로를 좇아
남대천을 거슬러 오르는 것은 진정 그리움이다.
그 지독한 그리움이 없었다면
넌 단지 미물에 지나지 않았으리

금지된 심장을 가진
매끈한 골격에 빼어난 자태.
은빛용포 걸친 종족의 기상으로
청록의 강을 유영하며
황제의 모천을 찾는 너는
본래 그리움의 종족이었나 보다

누군 별빛을 좇아 온다고 했고
누군 물 냄새 맡으며 온다고 했다
그러나 너의 싸늘한 두뇌에 각인된 기억과
뜨거운 심장에 설설 끓는 그리움이 없었다면
천 수백 날.
기다림의 입술 쩍쩍 갈라져

먼저 간 사람들의 내일이던 오늘.
추억의 강가에서 어찌 우리 만날 수 있었으랴

기다림의 가슴만큼 깊어진 물길 속.
도도한 너의 은빛 유영을 보며
스러지는 내 별빛,
이젠 눈을 감으리라.
죽음처럼 집요한 그리움의 남대천에서
장엄한 황제의 향연을 보며
금지된 심장을 가진
은빛연어의 주검을 보며

연어 · 2

남대천 하구의 모래톱에 잠복
경계가 느슨한 틈을 맞춰 침투하라
모든 침투조는 혼인색으로 위장 한다
특수부대 공작조의 작전
저 별빛 따라
상류지점을 공략한다.
최후의 하나까지 총공세를 감행하라
단 하나의 낙오도 용납지 않는다
"앗" 앞에 폭포가 가로막고 있다
뚫어라. 전력을 다해 거슬러 올라라
그동안 우리는 몇몇 해가 지나도록
수만 킬로 강행군으로 알래스카 베링해협의
지옥훈련을 거쳐 이곳에 왔다
여기는 우리의 무덤.
우리는 2세들을 위한
성전을 치러야한다
삼 만리 대장정의 막을 내려야한다
누구도 우리를 막지 못 한다

저 폭포를 거슬러 고지를 탈환하라.

작전 성공! 작전 성공!
고지를 탈환하고 안전가옥을 확보했다.
상황 종료.

부상을 치료하고 최상의 식사를 제공하라.
만찬이 끝나면
이제 마지막 정사로 종족을 번식하는
숭고한 임무를 수행한다.
강가의 모래알처럼 우리의 자손이 번창 할 때
우리의 순교 같은 주검은 찬란한 희생이 되고
남대천의 무덤가는 종족의 성지가 되리라.
성지에서 자라 생명수를 머금고
북태평양의 먼 길 떠날 후손들은 훗날 말하리.
조상들은 용감했고 거룩했다고

연어 · 3

붉게 타던 단풍이
수정빛 계곡물에 녹아들어
고향 찾는 연어의 혼인색을 만든다.

사람들은 추억으로 강을 찾고
연어들은 종족으로 강을 찾는다.

백오십 리 물길 따라
언제나 가슴을 뚫고 지나는
추억의 남대천.
사람들은 이 강에서
어제를 응시하고 오늘의 상념을 헹군다.

수억만 리 이국의 바다 헤치며
모천을 찾는 항해.
마지막 무대의 연출을 위해
수의를 준비하는 연어는
떠나는 계절의 망토를 온몸에 걸친다.

남대천을 휘돌아 흐르던 사연은
비 내리는 무성영화처럼 빠르게 지나간다.

추억의 색깔은 흑백이다.
빛바랜 추억의 가슴 속은
원색으로 채색되지 않아
별빛도 달빛도 닿지 않는
속 깊이 속 깊이 흐르는
흑색의 물길이다.

추억을 반추하는 사람아.
물길을 사랑하는 연어야.
깊은 강바닥에서
우리의 유골 건질 때
남은 것이란 단지 허접한 흔적에
불과한 것이니라.

아름다운 이야기

손가락 건 맹세도 이와 같은 것.
진실은 채색하지 않아서 허접한 듯
단지 흑백의 이야기처럼
건조한 것이어야 한다.

까맣게 까맣게 타버린 가슴.
그런 진솔한 그리움이어야 한다.

원색으로 추억하던 이 길을
이제 밤의 빛깔이 녹아내린
어둠의 장막이 쳐질 것이다.
이정표 없는 내 꿈길 속을
검은 강물이 도도히 흐를 것이다.

그래.
우리 그리움의 강에서 태어나
아련한 추억을 먹고사는 너와 난
검은 그리움의 종족인 것이다.

남대천 · 1
- 연어의 귀향

무장공비 나타나던 소문 가까운 옛날.
남대천 뚝방 율구꽃
시집간 누이 얼굴처럼 수줍게 피어
금모래 반짝이는 여울목.
아이들 자맥질에 놀란 은어는
온몸을 곧추 세워 튀어 올라
비수 같은 광채로 추억을 깨운다.

한가로운 가을 햇살 따가울 때
알곡들의 분주한 떠날 채비.
뉘엿뉘엿 서산마루 넘어가는
晩照의 갈대는 설운 맘 잡지 못해
갈벌에 모여 산다고.

애기 간 빼 먹는 문둥이 전설의 가평마을.
뗏목으로 건너던 한계목이 아련히 펼쳐지고
도포에 갓 쓴 훈장어른 하얀 고무신.
바람으로 흐느끼는 갈대밭 길

무심히 걸으시며 저 강을 손짓하네.

이맘 때 강을 떠난 연어도 하구를 거스르고
마을 어귀 굴뚝마다 밥 짓는 연기 피어올라
가을걷이 끝낸 논두렁과 들판에서
괜히 넉넉한 콧노래를 부르며
쟁기를 거두는 아재들.

오대산에서 시작하여 法水가 흐른다는 법수치.
고기의 밭 魚成田을 지나
생명의 물줄기 백오십 리 길.

거침없이 폭포를 거슬러 상류의 보금자리에
연어는 등짐을 풀고 최후의 情事를 한다.
피곤한 육신을 원색의 무늬로 치장하고
아낌없는 탐닉으로 생명을 잉태하고

추석 밑의 오일장 떡전 거리에서

구로공단이나 영등포,
서울의 한 구석에 벼르고 별러 고향 찾은
촌사람보다 더 촌스런 형아 누나들
그 서럽게도 핼쑥한
연어를 보듯 반가운 얼굴을 본다

이제 강은 익어
타는 저녁놀에 벌겋게 익어
강바닥에 깔린 연어들의 시체가 퉁퉁 불어터져
새로운 생명들이 자리를 잡아갈 때
임천보에도 서서히 물줄기가 마르리

큰 생명들 스러지고
작은 생명들이 움트는 남대천엔
어머니의 강이 흐르고
생명의 윤회를 위한
새로운 어머니의 젖줄이 흐르고.

우리는 돌아가기 위해 떠나 있듯이
너희 역마살도 타관이 그리워서가 아니고
필경 귀향의 애절한 서성거림이겠지

이제 가리라.
진정 돌아가리라.
아무도 반기지 않아도
고향의 남대천 이미 나의 안식처 되었으니
대양의 파도. 계곡의 폭포를 거슬러
끊임없이 그곳에 오르리라.

남대천 · 2

-고향의 묵은 장맛

남대천을 따라
집 짓고 사는 사람마다
묵은장단지 하나씩은 다 가지고 있다.

깊은 장맛은 사람의 마음이다.
장국 끓는 냄새는
사람 어울리는 구수함이다.

집집마다 장맛은 조금씩 다르고
어느 맛이든 추억을 일깨우며
곰삭은 삶을 맛 뵌다.

해는 고개 넘는 아쉬운 발걸음.
서산에 온통 불을 질러놓고
물길따라 늘어선 마을의 굴뚝마다
밥짓는 연기가 고요히 피어 오른다

성큼 땅거미가 지고

놀이에 지친 아이들이 돌아올 때 쯤
아궁이 숯불 위 뚝배기에선 빡작장이 끓었다.

하얀 이밥을 비벼 먹는 장맛엔
목구멍이 포도청이던 시절
이웃의 얘기가 있어
울고 웃던 사연이 그리움을 더한다.

물길 또한 무심치 않아
묵은 장독, 우윳빛 사기그릇을
사람 사는 냄새 풍기며 유장하게 흐르는
아련한 그리움이다.

묵은 장맛은 어머니 손맛이고
왠지 서로가 안쓰러운 마음의 맛이고
제길 따라 흐르는 남대천 물길 같은
고집스런 고향의 맛이다.

나는 오늘도
남대천 강둑에 앉아
어머니의 묵은 장맛을 보고 싶은 것이다.
사기그릇에 이밥을 고봉으로 퍼 담고
뻑작장 넣어 써억썩 비벼 먹고 싶은 것이다.

남대천 · 3

- 목욕탕에서

추억을 잠자던 목욕탕이 있다.
모르는 사람끼리도 스스러이 등짝을 들이대고
삶의 궁핍과 생활의 남루를
지우개 똥처럼 밀어대던 낡은 목욕탕.

날 샌 노름의 피곤을 씻고
정분이 동해 홀아비 냄새 씻고
기일에 맞춰 불효를 씻는 사람,
갖가지 사연들로 목간을 하는 사람들이
넘치던 굴뚝 높은 목욕탕.

거죽이 빨갛게 때를 미는
희뿌연 수증기 새로
때 구정물 탕 속에 내가 보인다.
어김없이 찾은 명절 밑의 목욕탕에서
내가 벗기려 했던 것은 무엇이었나.

용이 된다고 떠났던 형들도

이곳에서 목간을 하고 서울로 갔다.
지질한 개천의 미꾸리로 돌아온 고향땅에서
그들은 또 목간을 한다.
얄팍한 그 등짝에선 지렁이 같은
실팍한 때들이 무수로 밀려난다.
그들이 벗긴 것은 육신의 때보다는
마음자리 설움과 천대가 빚어낸
가난의 자식, 그 껍데기가 아니었을까.

추억이 떠난 자리엔
어느덧 목욕탕도 잊혀진다.
매일 탕 속을 드나들며 히죽대던
그 집 반푼 아들도 보이지 않고
사라진 목욕탕의 추억처럼
타인끼리 등을 밀던 정겨움도 사라졌다.

등을 밀어야 목간은 한 것 같고
마음까지 시원한 목간은 끝나

맘을 씻던 사람들도 떠났다.

우리, 타인끼리도 등 맡기고
시원스레 때를 미는 목욕탕에서
언제 다시 만날 수 있으랴.

남루와 궁핍의 낡은 목욕탕.
그 추억이 묻어나는 목욕탕이
친교의 끈으로 우리를 묶고 있다.
폐쇄된 추억의 통로 앞에서
가끔씩 그 끈을 당겨 나를 멈추게 한다.

지금도 육신의 때보다 마음의 때로
영육이 함께 구질구질할 때,
수증기 피어나는 탕 속에서 때를 불구고
타인에게 털어놓는 하소연처럼
그들에게 나를 씻기고 싶다.
그 추억의 목욕탕에서

나무예찬

한시인들 그곳을 그리지 않은 적 있었던가.
시원의 태양아래
노숙의 설움을 마다않고
시퍼런 젊음의 날들을 연소하며
오롯한 마음을 지켜온.
뿌리를 지하에 두고
몸을 지상에 묶고서
두 손 들어 떠받들며
그대 그리던 그곳이 천상이던가.
천상과 맞닿은 산에 있어
산의 정령은 너와 교신하며
더 큰 포용을 배우라 배우라
어찌 우리는 영장이라 자부하며
헛된 삶만 좇고 있는지
너의 몸 쪼개고 쪼개도 미움한번 갖지 않고
살신의 아픔을 감내하며 모든 것 내어주니
아! 정녕 뜻을 높은 곳에 두면
그리도 기개가 올 곧은가.

작은 바람에도 찬미의 노래 부르며
천상을 그리워하는
너는 진정 지상의 천품이로고
내 너를 배워 반이라도 익히면
네 천상의 반열에서
자유로울 때 그 옆의
끝자리에라도 있었으면 하노라.

初雪 · 1

잊혀진 여인의 흐느낌으로
진눈개비는 쏟아지는데
가라앉은 목소리로
나지막한 선율이 흐르고

살까지 떨리는 감동으로
전해지는 진한 영상들

아! 아픈 기억들

마음은 걸음을 앞서
수평선 너머 끝 간 곳을 달리고
창가의 다탁
엽차잔과 마주해
까실한 턱을 괴고 앉아

잊혀진 흐느낌은
오늘 갑자기 진눈개비로 흩뿌리는데

初雪 · 2

베갯머리
잡다한 생각 키우며 지새운 밤
가냘픈 몸짓으로 내려와
조용히 눈 감은 달콤한 유혹의 주검들
소리 없는 비명으로 쌓여
저토록 처연한 아픔을 그렸을까
추억은 중력을 잃고
황홀한 회한의 동공에
허스키한 음성으로 실려 온다.

落花酒를 마시며

추억의 남대천을 거슬러
살찐 黃魚가 오를 때쯤
향기론 花信을 전하는 귀한 손 있네
풋풋한 봄 햇살에도 설악의 골짝마다
계절의 이별이 아쉬운 殘雪.
법수치를 지나 어성전
청옥 빛 개울 밑으로도
기지개를 켜는 생명들은 희망을 속삭이고
시속 25킬로의 속력으로
北上하다 꽃 소식 머문 곳
눈꽃처럼 흩날리는 峴山公園 벚꽃놀이
고대 감을 슬퍼하며 만개해 산화하는
백자 빛 꽃잎들 술잔에 꽃잎 띄워
落花酒 들고 보니
온 몸에 봄기운이 핏 속을 따라 도네

丹楓有情

-오색령의 단풍

누굴 향한 열정
저토록 타오르는 색으로 물들였을까
수줍어 감추었던 맘
오롯이 지탱하던 우유 빛 젖가슴
한땀 한땀 고통으로 새겨 놓은
먹빛 연비

가슴은 내가 타는데
온통 신열로 열꽃 피어내는
찬란한 선홍빛 계곡
부지런한 걸음으로 산자락을 감아 돌며
골짝의 향기 실어내는 상큼한 가을바람

그리다 그리다
삭히지 못한 그리움
온 산을 불 지르고 내 맘까지 태우더니
기어이 한 생 접은 낙엽으로 지누나

영혼 있음으로 해서 아름다운 사람아!
너와 나 타오르는 저 불꽃처럼
물들이는 저 단풍처럼
이 푸르른 날을
갈색으로 보내노니

밤바다에서

밤바다는 보는 것이 아니라 듣는 것이다
마음으로 듣는 것이다
칠흑의 밤 해변을 거닐다
바위를 때리며 포말 지는 파도를 듣고
진퇴를 거듭하는 조수를 듣고
오징어 배 집어등의 깜박임 불빛조차 듣는다
눈 뜨면 암흑인데 눈 감고 듣는 밤바다는
드넓은 자태를 내 맘속에 펼친다
상념의 밤바다에서 눈 뜬 사람보다
감은 사람이 현명한 것은
해풍이 속삭이는 바다전설의 숨결까지
느낄 수 있기 때문이다
밤바다는 보는 것이 아니라 듣는 것이다
아니 듣는 것이 아니라
느끼는 것이다.

門

오두막 사립문을 통해 들어갑니다.
비좁고 초라한 문이지만
당신 운명의 발길 앞에 선
나의 문입니다.
좋은 문만 찾던 습관을 버리고
이젠 우리만 기다린 그 문을 엽니다.
녹 슬은 고리를 당겨
곰팡내 나는 구들장에 불을 지펴요.
털고 닦아 남폿불 밝히고
예, 찾아올 당신을 기다립니다.
잔기침 소리로도 맞아들이면
당신은 살포시 내 곁에 눕습니다.
싱그러운 체취를 맡으며
밤새 도란도란 얘길 나누면
그렇게 이 문은
새롭게 시작되는 의미의 문이 됩니다.

묶음 둘

思父曲

불면증

이 밤 습관처럼 뒤척이는 잠자리
부지런히 세월을 갉아 먹는 초침의
기척만 들려오고
도심의 심사를 헝클이며
애처로운 울음.
고양이 소래기가 밤을 찢는다
아스팔트 두드리는 다급한 구둣발 소리
실내등 꺼진 채 달리는 승용차
주정꾼의 혀 꼬부라진 넋두리
붙잡고 씨름하는 시간
낮 같이 밤을 살고
밤은 떠도는 미아들의 인질 되어
올빼미 동공같이 또렷한 의식
이 밤 습관처럼 잠은 안 오고
구천 못 간 혼령들의
왁자한 아우성만 들려오고

어머니 모습

한참 가다가 돌아 본 세월의 조각
상처마다 새롭게 피가 돌고
아린 생채기에 술을 부어
고통의 폭으로 번지는 포장마차
금간 소주잔에 어리는 얼굴
초췌하고 주름진
도리질 칠수록 질긴 끈으로 멍에 진
어머니, 어머니
떨기 꽃의 자태를 짓밟고
순진한 동심마저 뭉개버린
간단없는 세월의 횡포로도
허물 수 없는 투박한 모정탑.
자식이 웬수여
큰 불효에도 정해진 화풀이 중얼거림
웬수여도 사랑하실 자식이라
집구석 기둥뿌리 흔들렸지
웬수 같은 자식의 자식이 자식을 봐도
조이는 가슴 도닥이는 손마디

포장마차 좌판
닭다리 굽는 메케한 연기 속
말간 소주잔 속에도
눈물 고인 소주잔에도
무성영화 장면처럼 나타나는 얼굴

저승에서 온 편지
-산 자에게 씀

이별을 준비할 시간도 없이
갑자기 떠나 왔다고 서운타 마라
난들 개똥밭에 굴러도
이승이 좋은 줄 알고
터널 같은 어둠을 지나
꿈결같이 저승에 이르는 동안
얼마나 무섬증에 몸서리 쳤는지
넌들 알겠니.
짧은 이승의 삶은
어찌나 고달프고 눈물겨운지
저승의 꿈같은 평화의 비밀을
말하여 무엇 하리
날 위한 눈물 이젠 거두어라.
나 또한 가여운 너의 삶을
눈물로 위로 않으리
날 때는 순서가 있지만
갈 때는 위아래가 없지 않느냐
내 이곳,

구름카펫 깔린 저승의 길목에서
너를 기다리리.
홀가분히 떠나올 그날
우리의 축배를 위하여

친구의 자리

그는 그의 생을 접었고
나는 나의 생으로 남았다.

나는 나를 흐느끼고
그들은 자신을 울었다
아무도 망자를 우는 이 없었다.

불콰해진 얼굴에 설움의 순간 머물더니
남은 이의 처지가 아파
노름에서 잃은 쌈짓돈으로
자기 설움 게워 놓고 꺼이 꺼이 울었다.

흐릿한 영정 눈길 머문 영안실에서
어여 가라 손짓하던 그
저 먼저 떠나
쏟아지는 눈발 이승의 다리 위에서

돌릴 수 없는 발걸음

저 편 강기슭에 올라
희미한 표정의 그는
우리를 웃고 있다.

자리 털고 허허로이 떠난
화장터의 잿빛하늘엔
한차례 진눈개비 쏟아진다.

思父曲

아버지!
오늘, 아버지를 불러 봅니다.
성큼 땅거미가 깔리고
무섬증이 계절의 한기처럼 엄습하던 내 유년의
기억에는 아버지를 부르던 습관이 없었습니다.
어릴 적은 종내 어머니가 위안이었고 울타리였습니다.
세월이 흘러 불혹을 지난 나이에 문득 아버지의 자리엔
저가 서 있고 아버지가 겪으시던 꼭 그 만큼의 외로움에
저는 몸과 마음이 스산하여 오늘 아버지를 불러 봅니다.
아버지. 아버지는 저희에게 늘 변방의 성이었습니다.
가까운 울타리가 어머니였듯이 아버지는 늘 멀리서
묵묵히 저희를 지켜 항상 안심시키는 그런 성이었습니다.
저희들의 금 안에 들어오시지는 않았으나 아버지의
마음 쓰심은 가득 넘치셨으며 멀리서 모든 짐을
혼자 지시고 저희에게 투박한 사랑만을 주셨습니다.
삭풍을 맞아 혼자 견디며 굳건히 가정을 지키시는
그런 우리의 아버지였습니다.
아버지가 떠나신 지금엔 저도 어느덧 애들의 아버지가

되어 근엄함을 흉내 내어 혼자 외로운 그런 아버지가 되어 있습니다.
오늘 저는 옆구리를 파고드는 초겨울의 쌀쌀함에 문득 아버지를 불러봅니다.
살갑진 않아도 투박한 사랑으로 대해주시던 아버지가 그립습니다.
아버지 ! 아버지 ! 아버지 !

義兄母親喪

오늘 묻었네
어머니의 쭉정이 같이 가쁜한 육신을
황토흙 반듯이 파내고
관 속에 잠든 모친
관 채로 묻었네
가시는 순간에도
다 늙은 자식 눈에 밟혀
아련한 손짓하셨네
눈가엔 잔잔한 미소를 띠시며
이 자식 가슴에 담고
컴컴한 흙 속으로
홀로 가셨네
자식사랑 반만 하여도 효도인 것을
말로 비수 만들고
행동으로 대못 만들어
어머니 한 가슴을 후벼 팠었네
관 속에
흙 속에

내 가슴 깊은 곳에
사무치는 회한으로
어머니를 묻고 말았네
모두가 헛것인 어머니 한 생을
묻고 돌아오는 길
함께 묻으려 했던 자책의 아픔은
뒤를 따라와
오늘.
내 生에 고행의 짐을 더하네

용서받는 시간에

습관처럼 뒤척이는 밤이면
빗장 지른 가슴을 으깨고
주마등처럼 스쳐가는 옛일을 회상한다
추억의 사람들은
환한 웃음으로 손을 건네고
씁쓸한 기억 속
불목했던 그네들을 용서한다
헝클어진 실타래를 풀어가듯
용서하는 마음도 용서받는 밤
싸늘한 구들장을 쓸어안아도
따스한 체온의 느낌
혼자인 이 밤이 외롭지 않다는 것은
어느새 여럿이 몰려와
서로의 몸짓으로
한바탕 춤을 추기 때문이리라
눈 감은 내 잠 속에서

증오

사랑보다 뜨겁기에
난 택했네
그 단어의 의미를

명시도 높은 표정으로 돌아섰네
그 사람을

지겨운 기억 속에라도
남기위해 떠나왔네
그 날들을

그대의 눈망울에 어리는
사람이 되고 싶어 오늘도 미워하네
그 사람을

노년항변老年抗辯

- 어르신께 바치는 노래

이 나이 될 때까지
누구든 그냥 오지는 않았지.
셈 치르지 않은 인생은 없는 법
이리저리 구비치는 삶이
이곳까지 나를 밀어서 왔네.
늙었다 서러워마세.
그래도 이 자리는 내 자리.
콧속에 흙덩이 들어가면
그만인 인생이지만
여기까지 오는 데 사연도 많았네.
아직 감정이 마르진 않아서
두 뺨을 적시는 따뜻한 눈물잔치로
슬플 땐 슬픈 대로
기쁠 땐 기쁜 대로
수긋이 고개 숙여 주책없을 때도 많다네.
굵게 파인 주름이 훈장같이 여겨지는
좋은 시절은 아니지만 그래도 우리
이만큼 올 동안 피땀으로 버텼지.

다리고뱅이 힘이 부친다면
그건 자연스런 퇴화현상이야.
안 늙고 사는 놈 있나봐라.
세월엔 장사가 없는 겨.
늙는 길 가시로 막고 오는 백발 막대로 치렀더니
백발이 제 먼저 알고 지름길로 오더라지
늙음을 한탄하는 노래는 부르지 않으리.
어느 인생인들 값없이 된 노년이 있으리오.
지금 바꾸자한들 내 인생 결코 바꾸지 않으리.
나의 추억, 나의 그리움, 나의 청춘 다 어쩌고.
나 돌아가지 않으리.
지금의 내 자리.
쭈굴밤탱이 내 손으로 내 얼굴로,
다시 한 번 죽정이 같은 내 인생
뜨겁게 뜨겁게 태우리.
결코 의미 없이 가는 노년이 아닌
나 떠나는 그날까지 한없이 가슴 벅찬
그러한 인생을 아름답게 살아가리라.

친구부친상

꽃마차 타고
인자함 보이시던 아버지
이젠 꽃상여 타고
저 강 건너 떠나시네

깨물면 아픈 다섯 손가락
가지 친 증손까지
삽존리 눈물길 따라
양지쪽 안식처

옥토에 체백 묻고 취토하니
달구질 선소리꾼 한을 풀어
노잣돈 흩날리는 바람결에
사별의 종소리 구슬피 요동치네

날씨도 부조하여
조용한 잿빛 하늘
산역 끝난 무덤은 소담하고

하늘은 한바탕 눈물잔치

허기를 말아먹던 국밥처럼
매일 받기만하면서도
아버지 등골 빼먹는 것인지
우린 진정 몰랐네

삭신 헐은 아버지
저 흙속에 모시고
우린 우리대로
이제 갈 길을 가야하네

친구 · 1

중늙은이 나이에
늙지 않는 친구가 있다.
세월을 거슬러 천진한 마음
어지간히 세파에 시달렸으련만
편한 인상
외려 깊어진 눈동자.
눈에서 멀었던 세월에도
변하지 않은 반김으로
감동을 주는 친구가 있다.
탁배기 한 잔으로도
값진 마음 주는
남루한 외양에도
진정을 느끼게 하는
그런 친구가 있다.
결코 야속한 세월의 잔주름을
느낄 수 없는 그런 친구다.
자기의 얼굴 참 편하게 책임질 줄 아는
불혹의 나이, 그런 친구가 있다.

연어 · 4

어김없이 찾아오는 그날
남대천의 물결은
鎭魂曲의 가락을 안고서
울면서 울면서 흐른다.

太古의 季節에도 그날 찾아
고향의 강바닥에 스러지는 주검들을
種族의 묘지에 水葬하고
오늘처럼 푸르게 흐르는 물결위에
슬픈 가락을 띄워 너의 넋을 달랬다.

우리네 人生 같은 너의 旅程은
너무나 애틋하고 가슴 아팠다.
사람을 닮은 너의 心腸이 있기에
너는 물고기의 皇帝가 될 수 있었다.

때로 사람은 故鄕을 버리고
사랑과 그리움 다 버리고

추억 속의 인정조차 저버리는
悖倫의 浮浪兒가 되기도 했었다.

그러나 삼천 분의 일, 희미한 確率.
나면서부터 孤兒의 아픔으로 점철된
成長痛을 겪었던 은빛연어.
오천 리 험난한 길 돌아온 너는
人倫의 非情함을 숙연케 했다.

너희 初喪을 치루기 위해
주전골에서부터 아래로 물들이던
단풍의 울음이 이제 불탄골을 덮었다.

실성한 바람이 堤防을 거쳐
갈벌에서 잠시 몸을 추스를 때
歸鄕한 연어들도 오늘, 가장 華麗한
옷을 입고 告別의 엄숙한 遊泳을 한다.

他鄕에서 쓸쓸히 죽어가며
남대천에 散骨을 遺言한
외로운 靈魂들도 가슴에 저미는
슬픈 색깔의 季節 노래를 부른다.

점봉산이 素服을 걸쳐 입으면
물 속 돌 틈에서 수군대던 연어이야기도
더 이상 들려오지 않았다.

송곳 같이 매서운 바람이 불어오면
흩어진 연어의 遺骸 위를 흐르는
남대천은 얼음의 옷을 입고 이제
흐르기를 멈춘 妄覺의 강이 되리라.

서럽게 산마루를 넘어가는 황혼이
도평들을 건너는 물길을 금빛으로 물들이며
산 그림자를 길게 늘어트렸다.

남겨진 이야기는 훗날 우리들의 武勇談으로
好事家들의 입과 好奇心어린 아이들의
귀를 세울 것이다.

밤의 帳幕이 쳐지고 한입 베인
초승달이 떠오르면 새로운 生命들이
도란거리는 소리가 들려온다.

처절한 犧牲의 끝이 손짓하는 것.
누구도 밝히지 않는 그 무엇이 우리를
이끄는지 아무도 얘기하지 않는다.

다만,
네 父母가 그랬듯이 너 또한 그러하리라.
宿命의 길에 順從하는 숭고한 물고기가
되어야 하느니.
빛나는 저 별과 푸른 이 강에 맹세하노니.

연어 · 5

해마다 이맘때면
남대천 기슭에선
숭고한 영혼 달래는
장송곡이 울려 퍼진다.

고된 육신 누이고
불면의 밤을 오직 추억으로
지탱하던 의식 가물거릴 때
힘차게 뛰던 심장조차 이제
맥을 놓는다.

어릴 적 기억 일깨우는 냄새 따라
내 어미의 자리에 수척한 몸을 눕힌다.
아! 이제 도솔천 큰 문을 두드리리.
대지여. 나를 받아다오

묘비석도 없는 강바닥의 묘지
수레바퀴 굴리는 은빛 연어의 삶

우리는 어머니의 강에서 죽어야만
삶을 완성하는 것이다.

주린 배 움켜쥐어 십 수 날의
고통 감내하는 이 육신 버리고
새 탄생의 기쁨 바라보아야한다.

생명은 소멸에서 새로이 시작되고
내 영혼은 본향의 동산에서
참 자유를 얻을 것이다.

내 사랑하는 연어야.
너 희생과 죽음으로 삶을 완성하고
나 또한 너의 완성된 한생을 화두로
용맹 정진하여 깨치는 그날,
우리는 필경 크게 환희하리라.

위기의 중년 · 1

살아보겠다고 먹고 있는 저 꼴을 좀 봐라
비지땀 뻘뻘 흘리며
그래도 어떻게든 살아보겠다고
매운탕 국물 떠먹는 저 꼴을 봐라.
지난밤 정신없이 마시고 설을 풀다가
주위가 온통 이빨 가루로
허옇게 될 정도로 날을 꼬박 새우고
무슨 할 말이 더 있어
흐트러진 모습으로 깨어나
악착같이 살아보겠다고 건더기 하나 못 먹고
국물만 홀쩍 홀쩍 떠먹는 가련한 저 모습을 봐라.
위기의 중년, 우리의 모습이 거기에 있다.
방황의 길에서
고민에 취하고 의리에 취하고
삶에 지쳐서 미로를 헤매는
돌아갈 길 잊은
불쌍한 위기의 가장,
무엇에든 취한 모습이 거기에 있다.

歸天歌

나 떠나려 하네
모든 짐 벗어 놓고 떠나고 싶네
인연의 끈 다 끊고서 이젠 떠났으면 하네
하지만 떠나지 않는 나의 심상은
오직 나의 가족과 친구를
그리워함이겠지

나 떠나려하네
모든 허물 훨훨 벗고 떠나고 싶네
욕심의 허상 다 버리고
이젠 떠났으면 하네
하지만 떠나지 않는 나의 심상은
오직 나의 생과 겉치레를 슬퍼함이겠지

나 진정 떠나려 하네
내 속의 참 나를 찾아
이승에서 쌓은 탑 다 무너뜨리고
기어이 떠나려 하네

묶음 셋

詩心

戀歌

그대를 위해 이젠 노래를 부르리라
내 굳어진 혀로
제법 그럴싸한 사랑노래를

우연한 몸짓으로 그대는
뉘 부를 듯한 음성으로 그대는
내 겪을 아픔을 그리지도 못했으니
난 그대의 작은 동작에도
공기의 부서짐을 황망히 느끼며
고운 치열 웃음을 보곤
한없는 늪을 허우적거렸지
길들여질 행동의 향방을 벗어날
싸늘한 이성의 그림자를 걷게 해다오

그대
그대의 분위기로 가득 찬 그 늪에서
희미한 웃음의 자락이라도 움켜쥐고
차라리 익사케 하라.

빗속에서

보고지운 마음만큼 비가 내린다

너로 인해 잠 못 드는 밤 비를 맞는다

그리움이 어우러진
눈물은 빗물 빗물은 눈물

눈물은 빗물에 가리고
빗물은 슬픔으로 쏟아진다

비 올 때 흘리는 눈물은 들키지 않아 좋고
비 올 때 걷는 재방은
우산이 없으면 더욱 좋다

음성이 들린다 물기 먹은 음성
내 안에서 들리는
나의 음성
너의 음성

빗속을 걷는 발자국 소리
어느새 너의 모습은
내게로 오고 있다

그대의 초상 · 1

상처랄 것도 없이
맘 구석 아린
그건 짝사랑

부딪히는 눈길에도 취하는 얼굴
무딘 혀끝으로 말은 못해도
꿈속에선 다정한 연인

묻어두는 사연보다
훗날 고백하는 멋이라

순수의 결정
그건 짝사랑

그대의 초상 · 2

안개처럼 흩어지는 꿈이야
내 맘 속에 묻은 그대
그대 향한 마음이야
새벽녘의 이슬 같은 것
만지려 손을 건네면
손가락을 스치는 매끄런 감촉
그대
저만치 흘러서 손짓하는 강물되고
금빛 웃음 낭자한 노을이 되고
허허로운 마음자락
하릴없이 돌아서는 내가되고

詩心 · 1

가련한 천사는 내 곁에 있어
황량한 마음을 지키는데

아파도 좋은 세월을 허락하고만
내 분신을 태우려고
조심스러운 발돋움을 꾀한다

문 닫힌 사이
또 얼마의 시간이
동녘하늘을 갈구하여 분노를 머금는가

포도넝쿨 이어짐은
마침내 힘찬 알들로 영그는데
난 누구에게 전해줄 단어를
무더기로 해치는가

해뜨고
얼마의 횡포를 부렸는가

가련한 천사는
내 곁에 있어 황량한 마음을 지키는데

詩心 · 2

누구도 침범 못할
지하수를 길으러 두레박을 내렸다
매일 밤 두레박을 내려도
안으로만 등불을 지킬 뿐
동틀 때까지도 아프게 꿈을 키우는데
우물 속 끝에서 걸어 나온 사람이
무거운 산을 지고 내 가슴 아프게
쐐기 박는다.
불태우는 꽃처럼
소름 돋는 촛불처럼
못내 우는 내 마음
한 백년쯤 뒤
미이라로 숨쉬겠지

詩心 · 3

나의 천사여
그대로 하여 한 가슴의 깨어짐을
아파하는 날엔 시리도록 푸른 하늘을 보자
지루한 장마가 씻어낸 순수의 하늘에다
마음의 괴로움을 토해내며 낙서를 하자
온갖 낙서로 얼룩진 가엾은 나의 천사를 보며
어느덧 전염된 나의 하늘을 아파하자
찬란한 햇살의 하늘엔
뭉게구름 곱게 피어 다시 남촌의 희망을 얘기한다
나의 천사여
그대로 하여 아파할 가슴이 만신창이 되어
더는 슬퍼할 여유가 없대도
난 그대를 위해 희망의 노래를 부르리라
우리 함께 가시버시 하는 날
남도의 그 초라한 행복을 꿈꾸리라
의욕으로 출발하는 돛단배를 타고
생활을 가득 실은 포구에서
우리 함께 만선의 기쁨을 누리자

나의 천사여
나의 천사여!

詩心・4

마음의 창고 고이접어 간직한
동심의 연을 꺼내봅니다

헐거워진 세월의 나래
푸득푸득 날수 있을까

빛바랜 소년의 꿈
하늘하늘 날수 있을까

어지러운 광풍을 뚫고
천국의 계단 어디쯤 올라
천상의 소리 들을 수 있을까

육신은 삭고 영혼은 헐벗어
오욕의 세월
한스런 날들아

詩心 · 5

바닷가 백사장에 순수의 城을 쌓습니다

추억과 열정의 바람을
차곡차곡 쌓아 세워진 모래성은
내 꿈 입니다

쉼 없이 밀려오는 파도에
내 城은 스러집니다

쌓아도 스러지고
쌓아도 스러지고

얼마나 울부짖어 파도는 미소가 될까요
얼마나 웃어야 바다는 하늘 될까요

어떻게 절망해야 난
모래성을 쌓을 수 있나요

무기력한 일상에
내 그리움의 모래성은
자꾸 스러지는데

外島에서

십 년 만의 여행길
부부들은 한결같이 얼굴이 닮았다
닮지 않음의 생경함에 편해지도록
세월은 쉼 없이 흐르고
미운 정 고운 정 마음 따라 흐르고
각진 신경도 닳고 닳아
둥굴 둥굴 구르며
문대고 부벼대고 하다보니
어느새 그 얼굴 닮아 졌나
닮은 얼굴 닮은 미소
그 속을 흐르는
세월이 곰삭은 정은 또 어떤 향기가 날까
애들에게서 닮음을 보고
애들에게서 같은 향기를 맡고
애들에게서 보는 아내의 미소
아내에게서 보이는 어머니 세월

십 년 만에 떠난 여행

남도의 끝자락.
부부들의 닮은 얼굴에서
어지간히 닮은 우리를 보았고
어지간히 닮은 서로의 향기를 맡는다.

주전골 · 1

- 엽전소동

시대를 넘나드는 위폐범들이
수해로 얼룩진 주전골에 사주전을 뿌렸다.
신음하는 계곡이 애처로워
수해성금 엽전 스물아홉 량.

진짜 사주전의 염원은 아랑곳 않고
영락없는 가짜 상평통보라니
강원도관찰사 엄한 문초에도
수백 년을 뛰어 넘는 희대의 사기꾼들
아니면 주술과 기복의 미신
어느 늑대소년의 아우성일까.

주전골 옛이야기 새록새록 살아나고
성국사 오색 꽃 영롱히 피어날 때
진짜 위조주화 바라던 마음들
주전굴 앞 독주암에 정한수 바치오리
조선엽전 상평통보 꾸러미 한 짐 지고
약수터 맨 바닥에 좌르르 쏟아 놓아

만나는 사람마다 한 움큼 씩
쥐어주고 싶어

주전골 · 2

- 단풍놀이

손가락 새나가는 희뿌연 안개.
수마가 지나간 텃골 마다
두런두런 수상한 소문 재우려
파인상처 깊은 골짝 살포시 덮고
을씬스런 감기 쫓으려 무명이불 펼쳤나.

선녀탕에 멱을 감던 선녀들은
온 산에 울긋 불긋 고운 옷들 걸어놓고
이쁜 몸매 허연 속살 다 드러내어
부끄러이 부끄러이 어디로 숨었나.

십이폭포 내려오는 객들마다
한 벌씩 걸쳐 입고 내려오는
곱디고운 선녀복.
오색의 전설은 오늘의 소풍이 되고
단풍놀이 주전골은 오색은행 본점 되어
모두의 마음에 울긋 불긋
이파리 돈 많이도 뿌렸네.

주전골 · 3

-단풍놀이

그래. 그렇게 꾸미는 거야
추하게 늙지는 말아야해
나이가 들수록 화려하게 가꿔야지
나이가 들면 손맛도 변한다고.
늙기도 서러운데
손가락질은 억울하잖니
참. 물오른 때도 있었어
젊음의 한때가 그립긴 하지만
이젠 육십 청춘이라지
그래. 그렇게 불사르는 거야.
늙을수록 더욱 화려하게
계절을 치장한 화사한 의상으로
마음 속 한 점 정열까지
모두 태우는 거야
어이쿠 ! 불이야 불이야
주전골에 불이 났데요
가을 산불이 주전골을 다 태운대요.

雪景素描

적막 속에 남겨진 하얀 의식
오늘도 초침의 행로만 따라 도는
나는 사색의 길 잃은 나그네로다.
밤 새 쌓여 여인네 속살 같던 滿雪은
주정꾼들의 발길에
차츰 추해져가고
포장마차 문틈 새로 기어 나온 불빛
심야영업 초조한 아낙네 심사
알기나 하겠나.

케세라의 질문

어느 한적한 시골
신작로를 달리다 스쳐간
여고생의 얼굴에서
문득 내 학창의 한 때를 보았네
이상과 현실의 아득함을
뒷주머니 꽂아 넣은 학생모에 화풀이 하며
미래가 암담했던 그 시절을
까무잡이 그을린 여학생은
쌍갈래 곱게 땋은 머리에
세일러복을 신념처럼 입고 있었다
세상이 어떤지 모르는 케세라의 질문처럼
그래 너도 어른이 되면 무엇이든 될거야
세월이 흐르니 반항기 많던 나도 어른이 되었고
어른으로 아빠로 살고 있잖니
케세라세라 !
케세라세라 !
그러나 어른이란 슬픈거야
향기로운 그리움은 과거의 것이란다

어른은 자꾸 추억을 잊는 거란다
그 시골길.
스쳐 지난 여고생의 초롱한 눈망울이
세월의 횡포로 순수를 잃을 때
사람도 변하고
강산도 변하고
변하지 않는 건 아무것도 없다네
케세라세라 !
케세라세라 !

단역을 위하여

주연을 위하여 조연은 있는 거다
주연의 횡포를 빛내거나 역할을 보조하며
단역은 대사도 없이 언뜻언뜻 스치거나
비참을 과장되게 죽어간다
주연은 그래서 더욱 돋보인다
우리네 세상살이도 힘 있고 가진 자
주연의 무대일까
그들에 빌붙은 조연과 단역들은 또 어떤가
많은 영화와 소설 역사 속에서
주연을 위한 내용을 본다
주연의 법이고 주연의 진리인 듯
세상은 오직 주연만의 것인가
역사는 주연의 조명이고 승자의 기록일까
힘없이 가여운 단역들은 누군지도 모르는
칼부림에 처절한 비명으로 죽어 가는데
오늘의 역사는 또 어떻게 쓰여 질까
나와는 상관없이 승리의 축배 속에서
아름답고 찬란하게 기록되리라

묶음 넷

산다는 것은

산다는 것은

산다는 것은
제 등짝에 인욕의 짐을
보태는 것입니다

오늘도 빼꼼한 눈길로
치부책에 죄를 하나 적습니다

나이가 들어도
책임질 얼굴은 없고

영혼은 성찰의 햇살을
양심은 불혹의 세월을
부끄러합니다

산다는 것은
나잇살 먹으며
그저 죄송한 일입니다

중년을 깨우는 아침

사는 게 부끄러워 술을 마시고.
취한 것이 부끄러워 또 술을 마신다.

밤새껏 지은 기와집
쇼펜하우어나 니체의 담론도
정에 취해 함께 부르던 유행가 소절
손가락 베는 비장한 맹세도
모든 것 덧없는 장난이었지.

흔들리는 두개골을 받쳐 들고 일어나
쏟아지는 샤워꼭지 물 맞으며
거울 속 사내를 쳐다본다.
볼 것 없는 사내를 뚫어지게 응시한다.
그 휑한 몰골 서럽게 서럽게 응시한다.

서럽도록 응시하는 거울 밖 사내가
서러운 건지 알콜에 절은 거울 안
사내가 서럽게 보이는 건지

삶이 온통 헝클어져
실타래 풀 수 없을 때
너는 어떻게 견뎌 왔느냐
가슴 속 저미는 슬픔과 설움 너무 아파
인생이 헉헉 흐느낄 때

세상이 미워져
자신까지 싫어져
가치란 가치는 다 엎어지고
사랑이란 마지막 위안이
더 이상 곱지 않을 때
너는 어떻게 견뎌 왔느냐.

가을걷이 끝낸 그루터기 한 구석이
파장한 오일장에 흩날리는 먼지와 신문지처럼
알곡거둔 서늘한 칼날의 흔적이
때론 내 날들을 황폐한 길로 내몰고
제 길 잃은 물줄기로 이리저리 헤매다

더 이상의 미련도 말라버릴 때

그렇다.
나는 내 잠든 어린 새끼들을 들여다보고
슬픈 용기를 얻으리라.
빙그레 웃음 띤 그 평화를 보며
새로운 등짐을 지고 잠자는 욕망
기꺼이 깨우리.

내 부모께서 그랬듯이
나도 나의 왕국을 위해
몽롱한 알콜의 위선과
알싸한 아픔의 중독을 떨치고
소박한 바람의 꿈을 꾸리라.

부끄러운 삶은 중년에도 버리지 못한
세상의 욕심
아니 잊어버린 소박한 바람의 대가.

명징한 기억과 취기 가신 영혼으로 맞이하는
새로운 아침에 넉넉한 햇살로 다가온
소중한 아내와 새끼들.

출세의 명예보다
물질의 위력보다
이제 일상으로 돌아와 세차게 흔들어 깨우는
학교 서두르는 아이들의 성실한 아우성.

슬픈 용기 얻어 다시 시작하는 아침
인생의 궤적을 구르는 힘찬 엔진소리 잊지 마라.
아이들의 평화를 지키는 숭고한 의무를
그 찬란한 중년의 아침을

일출

幕이 여리기 전
분주했던 존재들의
수고스러운 속삭임도
멈춰지다

고요
정적
반란

3도의 모노 톤 위에
강렬한 터치
용암이 분출하다

새벽녘의 피울음으로
명징한 기억 속
동그란 반사체가
하나 박혀지다

술과 친구

불혹을 지나도
세월의 무게만큼 주량은 늘어간다
몸은 약해지는데
술에 대한 내성이 강해지는 건
주량은 정신력인가
간의 한 구석이 아픔을 호소해도
지긋지긋한 그놈의 정처럼
술을 끊을 순 없다
어지간히 우정도 터득했으련만
정의 집착에서 헤어나지 못하고
긴긴 밤 무에 그리 할말 많아
꼬박 회칠을 해 대는가
술 핑계일까
정 핑계일까
아니 술과 정은 정말 끊을 수 없는 관계이다
오늘도 마음 약해 친구 전화 받고
정을 안주삼아
술을 푸며 온 밤을 지새웠네.

단풍 위의 첫눈

동해의 심장을 쪼개
부글부글 끓던 시의 선혈을
한 초롱 퍼내어
설악의 정수리에 부었습니다.
아래로 아래로 물드는 핏빛 도발이
가슴 싸 하게 스며옵니다.
헛헛한 그리움의 산하는 원색의 향연으로
추억의 잎들을 떨치려 합니다.
숲 속을 헤매던
남루한 심마니의 발걸음도
점차 멀어집니다.
정열을 사르는 한 방울 기름까지
다 태워 산 아랫동네가
화염에 휩싸일 때쯤
하늘선이 갑자기 어두워지더니
실감나지 않는 첫눈이
대청봉을 하얗게 덮었습니다.

마지막 잎새

회색바람이 계절을 재촉하며
싸늘한 표정으로 돌아섰다

피폐한 가지에 인정을 기대
절개를 꺾은 채
속절없이 무너지는

나 떠나도
아무 일 없이 일상을 맞이할
남은 배신이
아픈 가슴 후벼 파고

할퀸 생채기 만들며
사랑도 가고
세월도 가고
친구도 버린 널 버려야

이젠 싸늘한 비명조차

전하지 않는 암흑의 동토에
잠들지 못한 외로운 넋
순백의 이불 덮는다.

숲 속의 바람

숲 속을 거닐면
부지런한 바람이
흩어진 외침들을 실어 나르고
메마른 감정이
애련의 싸한 아픔으로
모닥불을 피워낸다
강에 들른 바람에선
물비린내가 나고
갯마을 들러 갯내음
은사시나무를 돌아서
은빛 내음을 들려준다
숲 속에 들리는 아우성은
바람이 몰고 온 체취들이다
각각의 향기가
환청처럼 들리는 것은
바람을 정면으로 맞고 서서
그의 속삭임에
두 귀를 살짝 열고 있기 때문이다.

그렇게 속삭이는 향기를

폐부 깊이 느끼기 때문이다.

한증막

지겨움이 영그는
기다림의 한증막
육즙을 쥐어짜야
모래시계의 발자국이 이어지지
내가 인내하는 것은
상황 죽이기.
나를 가둔 한증막장에서
거꾸로 가는 시간을 죽인다.
나이 속도로 가는 세월도
한증막에선 거꾸로 흐른다.
얼마나 오늘을 죽여야
내가 내일을 살까.
내가 만든 함정에 빠져
고통의 숫자를 세며
끊임없이 죽인다.
거꾸로 가는 시간을
부지런히 죽여야
내가 바로 간다.

살림살이

인생이란 본시 정돈된 것은 아니다.
자고 있는 모습을 봐도
작은 놈의 발이 큰 놈의 얼굴에 닿고
매일 정리하는 물건의 위치
매일 하는 사고의 순번도
뒤엉킨 혼돈이 평화를 말한다.
자로 잰 듯 반듯한 생활같이
억지정돈이 전부는 아니다.
인생의 숙제는 항상 오답 투성이.
삶의 먼지는 곳곳에 쌓인다.
널려있는 사물들도 나름의 질서를 말한다.
생활은 혼돈을 정돈해 가는 것이다.
하나하나 제자리를 잡아 적응해 가는 것이다.
인생은 그렇게
손때 묻은 살림과 정하지 않은 질서로
차츰차츰 숙성해 가는 것이다.

애기별꽃

가까이 더 가까이
나를 숙여
살며시 살펴야
너를 볼 수 있지.

나지막이 무릎 굽혀
호기심 가득한 눈높이.
내가 맞춰야
네 생각 알 수 있지.

솜털 보송보송한 꽃 봉우리
고른 숨결 입맞춤.
눈에 넣어도 안 아플 애기같이
살포시 안아야 영롱히 피어나지.

앞만 보고 걷지 마세요.
무심코 밟는 발길 아래
불러 주지 않는 그 이름.

한번쯤 기억날 그 향기.
마른 낙엽 뚫고나와 수줍게 웃고 있어요.

현산의 벚꽃놀이

모르는 사람끼리도 반가운 인사를 한다.
첨 보는 사람도 현산에서는 이웃이 된다.
웃음으로 활짝 피는 벚꽃이 된다.
낙화주 건네는 얼굴도 술꽃이 피어
인정에 취하고 봄에 취한 객들은
깊어가는 봄밤을 술잔에 부어 마신다.
떨어지는 꽃잎을 술잔에 띄워 마신다.

추억의 자전거

추억의 자전거가 내게로 왔다.
은색의 매끈한 자태로 내게 왔다.
내 몸이 너의 엔진 되어 앞으로 나아갈 때
너는 나의 몸을 받치고 나는 너를 구르며
전혀 다른 둘은 오직 한 곳을 향해 나아간다.
떠날 때는 항상 목적지의 반만 가는 법.
돌아올 거리의 힘을 남겨야 한다.
언덕마루 오를 때 다락 논 아래
종다리는 하늘을 쏘고
햇빛 받아 부서지는 은륜의 동그라미들
고된 농사 허리 펴고 바라보는
촌로의 얼굴에도 추억은 묻어난다.
길 위에 자전거가 있고
자전거 위에 내가 있고
그 위로 맑은 하늘이 있는데
추억의 자전거가 이젠 하늘을 건너고 있다.

고갯마루

-자전거로 넘는 양아치고개

수월한 고개라고 얕잡아 보지마라.
어느 고갠들 사연 없이 길이 되지 않았나니

문명이 태동하고 길을 만들 때
수풀을 베어내고 부지런한 걸음부터 시작하여
오솔길에 언덕을 만나 고갯길을 닦았나니

그 고갯마루 낙락장송에 인생의 패배를
못내 겨워하다 목을 맨 사람의 사연도 있을 것이고
가난이 웬수 같아 가슴에 칼을 품고 대처로 떠나는
무지렁이 한 맺힌 가출의 아픔이 있었을 것이고
눈물을 흩뿌리며 헤어진 각별한 사연의 남녀도
있었을 법한데

나름의 사연으로 우는 고개
그 고개 수월타고 우습게 여기지 말라

*창꽃

계절의 정거장
민둥산 골짝 마다 지천으로 피어있는
봄의 전령사.
창꽃 이지오.

낡고 투박한 나무책상 위
사홉들이 파아란 소주병에
아무렇게 꽂아 논
창꽃 이지오.
속살같이 비치는 연분홍 꽃잎
두견새 울 때마다 핏빛으로 물들어
봄밤 설레는 주체 못할 그리움
창꽃 이지오.

처녀의 속곳 같은 아득한 하늘거림
첫사랑 추억 같은 아련한 수군거림
유년의 허기를 창꽃으로 채우고
문둥이 전설에 무섬증 타던

창꽃이지오.

창꽃 한웅큼 입에 넣어
꽃들의 아우성.
폐병쟁이 각혈로 낭자한 꽃 무덤
향기 없이 피어난
바로 창꽃이지오.

*창꽃 : 진달래꽃의 양양 토속어.

가을의 시골역

여긴 계절의 정거장
토요일 오후 한 때,
회벽 바른 간이역 담벼락에
코스모스 그려놓고
하늘이 깊어져 시린 눈길
끝없이 이어진 새털구름 쫓는다.
단아한 풍경이 잠시 잠을 청한다.
충분히 심각한 계절에
식곤증 같은 졸음에 겨운
시골역 풍경은 나태하기만 하다.
건널목 차단기 내리며
종소리 그려 넣는다.
낮잠 속에서 살금살금 기어오는 종소리에
풍경은 화들짝 놀라고
헝클어진 모습으로 깨어나 기지개를 켠다.
잠자리가 까맣게 하늘을 날고
가을은,
가을은 기차를 타고 벌써 저만치 가고 있다.

묶음다섯

웃으며 가는 길

남자의 생리

오늘은 달거리.
그 분이 오신 날
왠지 마음 뒤숭숭해
바깥세상 중독된 거리를
휘젓고 헤매는 달거리 그날.
자궁을 지키던 염원을
한 순간 사혈로 쏟아내듯
피멍든 가슴 열고
한 달 한 번 쯤.
내 진실 생리처럼 쏟아붓고 싶다
가슴들이 문을 걸어 잠그고
야바위가 판을 친다고
어둠의 매립장에 파문을
사연은 또 아닐지니
넓은 가슴 빗장 열어
고운 미스酒 옆에 끼고
혀 꼬부라진 소리로
남자의 사연, 빈 잔에 따를 일이다.

찔끔찔끔 말고 아주
시원하게 글라스에 부을 일이다.
남자의 달거리는
한 달에 한 번,
그렇게 피 쏟는 심정으로
왕창 진실을 쏟아 내는 것이다.

남자도 가끔은 생리를 한다.

사십의 나이

변할 것 없는
친구들의 사십을 얘기하며
함께 노래 부르네
어느 친구 자식노래
어느 친구 돈 노래
어느 친구 명예 노래를
기똥차게 불러대네
아무것도 갖추지 않은 나는
무엇을 노래하리
문학의 향기에 취해 살아온
예술의 열정에 취해 살아온
볼 것 없는 내 인생은

웃으며 가는 길

휘청거리며 어디로 가는가
비틀거리며 어디로 가는가.

산 날보다 살날은 짧기만 하고
버리지 못해 쌓이는 건 더러븐 정.

어디쯤 갔는가
어디쯤 왔는가.

돌아보자 가끔은
가는 길의 가늠을 위해
가끔은 뒤 돌아보자.

괴롭지만은 않았다
슬프지만은 않았다.

믿었던 놈은 보증 끝에 도망가고
앞에서 우정을 맹세하던 친구가

등에다 비수를 꼽을 때
세상의 끝날 보다
내 가슴 무너지는 소리가
천둥처럼 귓전에 부딪칠 때
그때도 간혹 청량감 주는
웃음이 있었다.

사람이 보이지 않고
꽃도 보이지 않고
사랑조차 싫어질 때도
단지 웃음 하나가 그 수렁에서
나를 건졌다
부둥켜 세웠다.

우스워서 웃는가
웃어서 우스운가.

행복해서 웃는가

웃어서 행복한가.

감정의 깊은 골에 언제나
솟아나는 치유의 원천
그 원천이 웃음으로 흐른다.

비틀거리며 웃는다
휘청거리며 웃는다.
웃는 내가 우스워 또 웃는다.

가는 발길 비틀비틀
가는 발길 휘청휘청
그래도 웃는다
가면서 웃는다.

하하하하!
웃으면서 가는 길.

오월의 바다

오월의 바다가
하얗게 연소된 슬픔을 풀어
단장의 바람소리로 흐느낀다.

바위가 지켜 온 사랑은
다만 우는 어깨에 살며시 손을 얹는 것이다.
그리고 넓은 가슴 파고드는 애련을
담담히 안아주는 것이다.

깊은 곳을 우러나는
정제된 슬픔
세차게 도리질 치고 포말 지어
사라지는 아픔
그저 묵묵히 바라볼 뿐이다.

그래도 오월은 생동하고
오월의 바다는 시리도록 깊어서
비련의 여주인공인양

더욱 맑아서 아픈데.
난 어떤 위안의 노래를 불러
흐느낌을 멈출까.

비가 쏟아지면
넓이만큼의 슬픔으로 밀려오는
거센 파도에 휩싸여
나의 몸도 흔들릴 것을
세차게 세차게 흔들릴 것을

푸르게 여윌수록 화사한 자태로 빛나는
오월의 바다.
천년 함묵의 마음엔 눈길도 없이
뉘를 향한 마음이 그토록
매일 그립고 서러워
내 마음 야속케 매질하는가.

하얗게 연소된 슬픔은 쉼 없이 밀려와

오월을 지나는 망부석
바닷가 함묵의 바위를 세차게 매질한다.
세차게 세차게 매질하다
스스로 지쳐서 그 가슴을 파고들어
흐트러진 얼굴을 묻는다.

여름전송

계절이 간다.
사람들이 피하던 뜨거운 날이
사람들을 피해서 간다.
백사장에 퍼붓던 소낙비
남겨진 상념의 언저리에서
이별을 나누기 위해 서성인다.
말없이 왔다 말없이 돌아선다.

추억이 남는 교차로에서
여름은 사흘을 밤낮으로
봇물 터진 울음 울었다.
계절의 점령군들이
성숙한 골짝에서 자연의 속살을 유린하고
시린 바닷가 싱싱한 물결을 탐닉했다.
사랑을 찾아 온 사람 없고
다만 무례한 자족을 위해
배낭을 끌렀다.

덧없는 발자국 남기고
추억 속의 미련 다 버리고
무례한 발걸음 옮기는 이여!
남겨진 것의 마음은 아랑곳 않고
GO mam GO! IS man IS!
떠날 사람 떠나고 남을 사람 남고
그래서 길 떠난 계절이여.
아프게 떠나는 여름을 전송한다.

선묘와 의상대사

태백과 소백이 헤어지는 봉황산 중턱
용석의 전설로
천년을 지켜온 선묘의 혼불.

부석사 과수원에 열린
홍옥 같은 연정도
의상은 법력으로 승화시켜
중생구제 석등을 밝히었네.

일주문 앞 은행나무
알알이 열린 저자의 욕망들
선사의 일갈에 비릿한 비명으로
땅에 뒹굴면 수행자의 발걸음
천금 같은 마음으로 지르밟고

생명 지혜 주관하는 아미타여래불
용맹정진 발심으로 청정함을 닦아
안양루 지나 무량수전 앞뜰에 이르니

오호라! 예, 극락정토 펼쳐졌도다.

조사당에 올라
선묘의 연정으로 피어난 정토를 바라보니
이제사 지팡이 꽂은 뜻이 선비화로 피어나
낭자의 붉은 마음 답하고 있네.

내 새끼 부여안고
- 살아가는 용기

삶이 곤궁하여
세상을 버리고 싶을 때
비누냄새 향기론 늦둥이 막내딸을
가슴에 넣어본다

왠지 모를 슬픔과 상실감으로
세상에 자신감이 없어질 때
떼쟁이 다섯 살 박이
두 눈에 넣어본다

부모만이 자식을 품에 안지 않는다.
어린 자식도 때론
아비의 실책과 패배를 그리고 아픔을
어루만지나니
자식에게 위로받고 용기 얻는
약한 부모의 아픈 마음이
어린자식을 보며 슬프게 산다.

내 새끼들은 어떤 세상을 만나
어떻게 살아갈까
그들도 아비처럼 세파가 힘든 나이가 되어
귀천의 달콤한 유혹에 던져지면
때로 막내딸의 고사리 손을 어루만지며
그 비누냄새 향기론 볼을 부비며
그렇게 위안을 얻을까.
나약한 우리 아비들처럼.

네게 가는 나의 길

-사의 찬미

이 겨울 가슴을 쓸어내리는
외로움 달래기 위해
내 가슴 문을 열어
네게 가는 나의 길을 찾았다.

바람도 외롭고
강도 외로워
저렇게 슬픈 가슴을
한계목에다 온통 쏟아놓아
갈대들도 통곡하지 않더냐.

바다로 향한 나의 길은
어지러운 발길의 모랫길
격정의 파도 만나고
스산한 갈매기 울음 들으며
물길 헤쳐 바다 속 걸어간다.

하늘로 향한 나의 길은

우울한 먹장구름 길
심장을 깨는 천둥소리 만나고
자학의 비수 번개에 찢겨
구름 밟으며 하늘가 걸어간다.

자살 같은 유혹의 심연
물속을 가는 바닷길
망국의 궁녀 투신하는
구름 깔린 하늘 길

이 겨울 가슴을 쓸어내리는
외로움 달래기 위해
내 가슴 문을 열어
네게 가는 나의 길을 찾았다.

청령포의 밤

水墨의 배경으로
검은 裸身을 드러낸 산
말이 없구나

端宗의 넋은
강물 되어 소리 없이 울고
부서지는 달빛 흐느낌
가냘픈 微風의 넋두리여

아스라한 汽笛
沈默의 밤을 깨우는데

낚시대를 드리운 태공의 마음
歲月의 虛無를 건져 올린다.

맛있는 남자

숙성된 사람이 좋다
많은 사연 간직한
살아온 날들이 곰삭아
발효된 된장 같은 사람이 좋다.
그 가슴 깊은 곳에
유익균들이 우글거리며 녹슨 감성 일깨우는
숙성된 사람이 좋다.
언제 먹어도 물리지 않는
된장찌개 같은 투박함이
더 이상 흉이 되지 않고
진솔한 얘기가 되는
꾸밈없는 사람
그렇게 숙성된 사람이 좋다.
모름지기 남자는 세월 따라 흐르며
그렇게 숙성돼야 맛이 있는 법이다.

그해의 유월

별처럼 애원한다
바람처럼 통곡한다
잔인한 유월의 태양은 우리 논 서마지길
사정없이 갈라놓아
초점 없는 눈동자
금 간 혓바닥의 타는 갈증으로
하늘을 쳐다본다
흙먼지 뒤집어 쓴 노란 택시타고
가출했던 누이가 몹쓸 몸 되어
삼년 만에 돌아올 때
백수건달 형아는 군홧발에 끌려가
5.18묘역에 누웠다
동심조차 짓밟은 군부의 이마가
번쩍일 때
분노를 머금은
네 어머니 눈동자를 보았다
네 아버지 눈동자를 보았다
평생을 이어온 굴종의 삶

어떻게 살으리.
어떻게 살으리.
이 해가 지고나면
이 한 밤이 가고나면
땅 한 번 하늘 한 번 쳐다보고.
하늘 한 번 땅 한 번 쳐다보고.

새해맞이

새해를 안으려
긴 밤 지킨 세찬바람
사무치게 맞으며 배를 내린다.

오늘의 출항은 만선의 기쁨보다
희망을 건지려함이다
누가 새날을 여는 벽두에
포획의 야만을 원하던가.

갈라터진 손바닥.
삶의 비린내로 생활이 곤궁해도
삼백 예순의 설움을 견뎌온
절실한 사연은
단 하루, 시지프스의 노동보다
저 장엄의 해를 품고 싶었다

지글지글 끓는 속으로 들어가
그 속으로 내 몸 들어가.

수평선을 지우면서
희망의 새해로 활활 타오르고 싶다.
진정 나의 출항은
포획의 득의보다는
새해의 희망과 하나 되기 위함이다

정해년 이른 새벽. 수평선에 이르러
심해에서 불끈 솟은 불덩이 부여안고
번민의 바다 한 많은 세파 다 떨치리라.

폐허의 남대천

-태풍 루사를 만나

옛길을 찾은 물줄기는 폐허 위를 흐른다.

까실한 율구 목걸이 목에 걸고
뽐을 뽑아 입안 가득 씹으며
벌거숭이 물장구치던 모래톱

물에 닳아 빛나는 자갈밭
손가락 간질이며 달아나는 송사리
메기 뚜거리 은어
천렵으로 배 채우던 동심

풍요로운 남대천은
개발이다 개간이다
깍이고 파 헤쳐 좁혀지더니
급기야 전쟁보다 더한 물난리를 겪었네

어느 전쟁이 이토록 처절한 참상을 남겼던가.

우리 동네 서른 개 다리는 모두 떠내려가고
집까지 떠 내려와 아침엔 이웃이 생겼고
안방 사이론 실개천이 흐르네

사탕복숭아 탐스럽던 용천 과수원엔
나무들이 물구나무를 서고
그저 송곳 하나 꽂을 땅뙈기를 바라던
소박한 욕심들을 여지없이 짓밟았네

자연의 섭리인가
제 길 막힌 물줄기의 분노인가
오늘.
제 길 찾은 물줄기는
만신창이 된 남대천의 육신을
무심히 쓸어내리네.

오산리 선사유적박물관의 개관에 부쳐

팔천년을 잠자던 영혼의 새
어스름을 깨고
오산봉 앞 벌겋게 물들이는
동해의 일출 속으로
날갯짓도 힘차게 솟아올랐다.

백두의 흑요석 가져와
날카로운 석기 만들고
어로 채집 사냥으로
밤을 새워 불 밝히며
노래장단 흥을 돋워
평화로운 움막 지켰다.

곰마을 처녀 데려다가
머루 따다 술을 빚고
노루고기 구워놓고
가시버시 맺은 언약
쌍호에서 피어난다.

연어가 돌아오는 생명의 강에서
그리움과 영이 만나는 조개무지에서
이젠 누천년을 넘나드는 역사의 장에서
그 눈빛, 그 숨소리 되살이 하여
그곳에 오늘 큰 움막지어
옛 문명의 터전을 다시 세우리.

팔천년을 뚫어보는 혜안인가.
선사를 날아드는 백로들의 포구는
국제공항으로 변하였고
마을회의 주관하던 당산목 너른 언덕
수천수만 찾아오는 명소가 되었구나.

선사의 조상들이 천상과 교감하고
후손번성 고대하며
산지사방 흩어져 더 큰 문명
발돋움하던 신성한 땅이여.
남대천 끼고돌아 생명줄 이어가던

거룩한 종족의 터전이여.

머루술 내 오거라.
구운 토끼 구운 연어 다 내 오거라.
황덕불 피워놓고 덩실덩실 춤을 추자.
원시의 밤에 추던 그 춤을 추어보자.
불가에 둘러앉아 한바탕 놀아보자.

팔천년 깨워내는 비나리 춤을 추자.
오산리 선사유적 큰 집을 지었으니
좋은 집, 좋은 교실
신명나는 춤을 모두 추자꾸나.

역사를 되살리는 오늘의 현장에서
선사와 현대가 어우러진 한 마당 잔치에서
토우와 인면상이 환한 웃음 지으며
어느새 신명난 춤사위를 펼치고 있다.

양양 송이축제에 부쳐

해풍 머금은 바람이 불고
천상의 단비가 대지를 촉촉이 적실 때
휘엉솔 검불 아래 살며시 고개 든
옹골찬 기상
옥으로 빚은 선비의 풍모
아! 선비송이로구나.

누천년을 함께 살아 금강송 밑에
새벽이슬 머금고 함초롬히 깨어
뽀얀 속살 수줍게 드러내니
솔향이 진동하고
그리움이 물결치는
갓 쓴 남장여인
아! 낭자송이로구나.

낙산사 풍경소리 귀를 열고
밤바다 파돗소리 마음을 열어
총총한 별빛 좋아

그 별빛 알알이 추억에 담고
해마다 이맘 때
그리운 향 이끄는 동자승
아! 동자송이로구나.

오대산 계곡에서
대왕을 말하지 말라
대왕도 문수를 말하지 마오
월정사 동자송 현생하신
부처님 홀연히 떠나신 자리
송이풀 우거진 골에
세조의 명약이니
아! 약송이로구나.

나라님 행차
상왕도리 동리길 지날 때
가마 앞에 엎드려 진상하던 명품
그 향미에 백성 근심 덜고야

부디 성군으로 거듭나소서.
성심으로 바치던 버섯 중의 버섯
아! 황금송이로구나.

나라의 축제란 축제 다 모여도
이만한 축제는 없었으니
오늘 양양은
버섯 중의 으뜸
송이 중의 송이
황금송이를 가지고 축제를 한다.

오고가는 사람
가고오는 사람
모든 사람 다 남대천에 들려
자연의 신비, 천상의 혜택
황금송이 오묘한 맛 한번 보시구려.

누천년의 역사를 알고

솔과 송이의 문화를 아는
전국의 한량들을 모시고
오늘 양양은
축제를 연다.
아! 열하고도 셋을 더한
양양의 명품, 송이축제여.

양양 오일장

달래 냉이 얼레지 곰취 드릅
서면사람들은
훈훈한 정과 함께 봄소식을
나물소쿠리에 가득 담아
장터에 늘어놓는다.

이른 새벽부터 잠을 설치며
자리를 차지한 장돌뱅이,
부지런한 일손으로 좌판을 넓게 펼치고

수산항에서 잡은 물 좋은 해산물이 들어오면
닷새 잠에서 깨어난 장터는 북적이기 시작한다.

학포 사람들도 하우스 채소를 경운기에 싣고
부지런한 발걸음을 옮겨
채소장거리에 자리 잡는다.

낭그장 만은 이젠 장이 서질 않는다.

붉은 소나무가지 허연 속살이 드러난 장작 짐을 지고
지겟다리에 매달린 고등어자반 한 손으로
육십 리길 면옥치를 돌아가던 노인네만
더 이상 장터 지게질을 끊었다.

어물전 돌아가는 한 켠엔
갈벌에서 잡은 살 오른 재첩
논물 대던 저수지 도랑의 옹고지, 미꾸라지 내놓고
여름이 되기 전 물 반 고기 반으로 올라
개울의 흙냄새와 구수한 육질로 미각을 깨우는 황어는
뭉텅뭉텅 썰어져 탁백이 맛을 돋운다.

싸전거리에선
문전옥답 미질 좋은 오대미를 됫박으로 흥정하고
조 수수 팥 보리 메밀
오곡 색깔 어우러진 잡곡들을 살핀다.

옹기장거리

빛을 받아 반짝이는 여인네 뒷모습 닮은
갈색 조선항아리, 옹기, 단지,
같은 색깔 같은 모습으로
따스한 햇살아래
한껏 자태를 뽐내며 주인을 기다린다.

가축장엔
일곱 형제 강아지, 흑염소, 토종닭, 앵무새
거위가 꽥꽥대고
작은 동물원이 되어 초롱초롱한 눈망울들의
놀이터가 되었다.

떡전거리 줄 따라 송천 떡 마을의
떡메 질 해 만든 인절미, 송편 무지개떡
꿀떡 절떡 기정 수수떡이 넘쳐나고
뭉생이 한 입 베어 물면 보리고개를 넘나들던 아픔도
양양장터의 넘치는 정과 반가움에
살가운 추억으로 다가온다.

남대문 시장을 옮겨 놓은
패션의 거리를 거닐 때면
울긋불긋 원색의 부담 없는 옷가지들
싼 맛에 구미가 당겨 후회할줄 알면서도
덥석 사게 된다.

철물전에 닿아
솜씨 좋은 대장장이의 손길을 거쳐 나온
삽이며 괭이 쇠스랑 호미 낫 부엌칼,
갖은 연장들을 늘어놓은 좌판에
박물관처럼 케케묵은 인상으로
연실 담배 연기를 뿜어대는 노인네가
엿장수 가위를 만지고 있다.

양양장터에서 만나는 사람들은
아무에게나 말을 걸어도
왠지 오가는 말들이 정겹다.
날카로운 신경은 무뎌지고

긴장을 세워야할 상대도 없어
마냥 부드러운 하루의 시간이 흐른다.

제 바닥의 토산물과 도회지의 공산품이 함께하는
양양장터는 물건 서로 바꾸던 옛날처럼
지금도 서로의 아픔쯤은 아무렇지 않게 얘기하는
친근한 이웃들의 삶터가 된다.

누가 얘기하지 않고
누가 알려주지 않아도
그 날이 오면 그 자리.
한 치의 더함도 없는 자기의 자리에
사람들은 물건을 펼치고 장을 연다.
자기들끼리 만드는 추억의 장터
양양의 닷새장을 질펀하게 벌인다.

흐름의 운명

작은 흐름도 바다를 지향한다.
모든 흐르는 것들의 운명은 이미
바다에서 끝나는 것으로 정해졌으리라.
깊은 계곡에서 옹달샘으로 시작했든
초원의 돌 틈 모래웅덩이에서 시작했든
그 시작이 흐르고 흘러 소를 만들고
연못도 만들고 호수도 만들고
조금씩 더 큰 개천과 강으로 만나
별다를 것 없는 인정과 삶들을 실어 나르고
초목을 기르고 인물을 낳고 역사를 만들며
이제 모든 수용과 포용의 바다에 다다르니
모든 흐름의 끝에서 다시 엉키고 부딪치고
깊이를 가늠할 수 없는 혼돈이 시작되는
넓음의 한 가운데에서 흐르는 것의 욕망은
새로이 오르는 것을 희망한다.
오름은 흐름의 윤회.
오르고 올라 그 끝은 다시 끝없는 낙하가 될 것이다.
어머니의 대지로 떨어져 작은 물방울들은

대양으로 가는 새로운 의욕 속에
그 끝에서 오름이라 이름 하는 희망을 쫓을 것이다.

산사음악회

- 洛山寺에서

寶唾殿에 쏟아지는 音階에 갇혀
우린 그냥 밤이 되었다.

고요의 장막을 거두는 絃을 위한 세레나데
四季의 현란한 音律이
부나방들의 불을 향한 遊戲를 부추기고

파란 눈 演奏者의 손놀림
밤하늘 실핏줄 퍼져가듯
명멸하는 感動의 밀물

흐느끼는 音律에 四天王도 귀를 열고
梵鐘소리만 衆生을 깨운다든가

煩惱妄想 벗은 無念의 意識
藝術의 길에서도 解脫하여
彼岸에 이르니

眞我를 찾은 부처와 차이코프스키
寶唾殿 앞에 싱긋이 웃고 섰다.

선사유적박물관의 뗀 돌칼

오산리 선사유적박물관의 돌칼.
돌칼은 예리한 날을 세워 자신의 진화와
유전을 이야기했다.
원시의 밤에 황덕불 피워놓고 춤출 때
선사인이 들었던 돌칼에서
단군왕검 고조선을 세웠던 청동검으로
삼족오를 좇아 부여를 일으켰던 주몽의 보검이 보인다
한번 휘둘러 적의 피를 흩뿌리던 이순신의 장검,
봉기의 깃발을 세우며 파랑새의 뒤를 따른
녹두장군의 농민검도 저 칼에서 비롯되었으리
정지에서 간고등어 대가리를 자르고
닭의 모가지를 비틀어 내리치고
곰삭은 된장찌개 끓여내던 아낙의 부엌칼
향학의 열정으로 연필 깎던 문구칼
털북숭이 얼굴에 청량감 주는 면도칼도
그렇지 않을까, 수술실에서 생명의 살을 저미는 메스,
뗀돌칼 간 돌칼 청동칼 철칼 세라믹칼 레이져칼도
석기시대의 저 돌칼에 숨겨져 있었다

오늘도 오산리 선사유적박물관의 돌칼은
자신의 진화와 유전을 이야기한다
칼의 운명은 피를 부르고
그 피는 역사와 시대를 완성 했지만
고즈넉이 박물관에 진열된 돌칼은
마트에 진열된 세날 짜리 면도날이 되어
잃어버린 생의 의미를 다만 고요히 반추할 뿐이다
오늘 나는 욕실 거울 앞에 놓여 있는
세날 짜리 면도칼을 바라본다
돌칼의 DNA는 유전되고 진화되어
이제는 나의 면도칼이 돌칼의 생을 얘기할 뿐이다.

| 발문 |

시인은 우주를 창조하고 있다

- 최종한의 시집 출판에 부쳐

황금찬 | 시인

| 발문 |

시인은 우주를 창조하고 있다

- 최종한의 시집 출간에 부쳐

황금찬 | 시인

최종한시인이 한 권의 시집을 상재한다.

우리들은 그 시인에게 축하의 구름을 바구니에 꽃으로 담아 드려야 한다. 사람은 누구나 대우주의 지배 속에 있지만 시인은 대우주의 지배를 받으면서도 또 하나의 우주를 창조하고 있다.

뽈 발레리가 시에는 두 가지가 있다고 했다.

노래하는 시와 생각하는 시가 그 것이다.

이 말의 의미도 두 가지의 우주를 생각하는 것이라 믿고 싶다. 여기서 다시 생각할 것은 모든 시가 여기에 절대성을 갖는다는 뜻은 아니다. 시인에 따라 그렇게 쓰여

진다는 뜻이다.

최종한시인의 시는 어느 시에 구름을 피우고 있을까? 시의 사상에 따라 두 가지의 표현세계를 동시에 가지고 있는 시인이 아닌가 생각할 수 있을 것 같다. 「연어 · 1」 이렇게 제한 시가 있다. 한 자락을 추려본다.

> 누군 별빛을 쫓아 온다고 했고
> 누군 물 냄새 맡으며 온다고 했다.
> 그러나 너의 싸늘한 두뇌에 각인된 기억과
> 뜨거운 심장에 설설 끓는 그리움이 없었다면 ---

또 하나의 소우주를 이끌고 있다고 말 못 했으리라. 칼 야스퍼스가 한 말 중에 다음과 같은 말이 있다. "현대철학을 한다면서 현대시를 한 편도 읽지 않고 어떻게 현대철학을 말할 수 있겠는가"라고 했다.

최종한시인의 시에는 노래할 수 있는 시보다 생각할 수 있는 시가 더 많은 것 같은 느낌이 든다. 가령 「선묘와 의상대사」 또는 「밤바다에서」 「남대천 · 2」 그리고 「웃으며 가는 길」 등으로 제목 한 작품들,

> "어디쯤 가는가
> 어디쯤 왔는가"

이 시귀에서 나는 릴케의 장시 두이노의 비가를 생각하게 하고 있다.

최종한시인의 작품에 「창꽃」이라고 이름 한 작품이 있다. 좀 비극적이긴 하지만 그래도 우리 본래의 정을 담은 작품도 없지 않아서 흥겹기만 하다.

독자들에게 최종한시인의 작품을 사랑하라고 말하고 싶다.

2010 황금찬

| 작품해설 |

향토정서와 이미지 구축술

- 최종한의 시집 『연어쏘나타』

채 수 영 | 시인, 문학비평가

| 작품해설 |

향토정서와 이미지 구축술

- 최종한의 시집 『연어쏘나타』

채 수 영 | 시인, 문학비평가

1. 시를 위한 기도

시는 기도의 일종이다. 이는 고대의 주술적인 형태를 운위하는 것이 아니라 시인의 마음을 가장 정갈하게 순화(純化)하여 토로하는 진정한 마음의 고백이기 때문이다. 그러나 시는 종교적인 형태가 아니라 시인의 마음을 가장 진솔하고 따스함으로 포장하여 그리는 얼굴이어야 한다. 그러나 시는 기도만으로 이룩되는 이름은 아닐 것이다. 시인의 의도意圖에 따라 목적지를 설정하고 이끌고 가는 방향타를 가져야하고 이런 절차가 매듭이 없는 천의무봉天衣無縫의 순수로 이룩되어야 하기 때문이다. 이런 조건을 합치하기 위해서는 시인의 삶에 그런 요소들이 구성 인자因子를 가지고 진행되어야 할 것이다. 때문에 시는 인간이 만들지만 창조創造라는 말로 시의 이름을 대신하는 유일한 대상이다. 다시 말해서 창조라는 말은 소설이나 수필 혹은 다른 문학 장르에서는 사용되지 않는다. 이들 문학은 인간의 형태를 묘사하거나 설명하는 양식이지만 시의 이름은 무형의 어둠에서 햇살 속으로 솟구쳐 나오는 환희의 이름이거나 그런 감동을 수반하는 존재물을 완성하는 대상이다. 때문에 시에는 경외(Piety) 혹은 경신敬神이란 명칭이 따라붙는다.

시인은 고귀한 존재로 살아야 하는 이유가 바로 신의 역할을 대신하는 혹은 직접 창조를 감당하는 존재라는 인식에서 시인이 쓴 시는 스스로 자체 발광發光하는 이름으로 남게 된다. 시인에게 소명은 이런 이치를 알고 자기 시詩를 돌아볼 때 근엄한 표정이 전부가 아니라 소박하고 눌박訥朴할지라도 진리의 힘을 내장하게 된다. 시인의 임무는 소박과 눌박 그리고 순수를 지향하는 마음을 가질 때 비로소 밝은 표정의 창조물과 만나게 된다는 이유에서이다.

아마도 강원도에서 시를 쓰는 최종한의 시는 바다 내음과 추억 그리고 주변의 강이나 풍광--남대천 그리고 귀소歸巢하는 연어를 시화詩化로 나타내는 향토적인 정서가 맛깔스럽다. 즉 도시적인 정치精緻함이 아니고 다

소 느슨하고 완만하더라도 정情이 담겨있기 때문에 돌아보는 풍경이 아름답게 다가든다. 이제 그런 정서의 숲을 만나 그의 가락에 취해볼 계제階梯가 기다린다.

2.의식의 가락과 만나기

시는 시인의 의식을 만나는 일이다. 물론 비유와 은유 혹은 직유이거나 이미지의 다양성 혹은 상징의 숲을 조성하거나 사물과의 투사投射와 동화同化 등의 절차를 통해 시인의 육성과 만나게 된다. 남대천을 거슬러 귀향을 서두르는 본능의 연어나 시인이 살고 있는 삶의 공간에서 들리는 바다의 변화, 그리고 삶의 자리에서 만나는 육친의 음성 그리고 철학적인 명상의 숲을 따라가면 시인의 다정하고 다감한 삶의 표정을 대면하게 된다.

1) 바다로 길이 난 시심詩心

바다나 강은 시에서 원형原型을 나타내는 이미지의 변신을 시도하는 시어이다. 강은 조용하고 스미는 듯 한 포괄의 이미지가 될 수 있다면, 바다는 야성적이고 동적인 느낌으로 달려오는 속성을 갖고 있다. 그러나 바다나 강은 고기라는 생명체와 인간에서 피 혹은 원형의 이미지가 자리하는 느낌을 준다. 이는 시인이 살아온 공간에서 느끼는 친근미의 이유--고향으로 다가든 느낌을 떠올리는 이미지인 것이다. 여기서 연어의 귀소에 따른 삶의 변형이 시화될 때 남대천의 특별한 정서가 시인과 밀착되어 나타난다. 「갯마을」, 「밤바다에서」, 「오월의 바다」 등은 물의 이미지가 좀 더 포괄적으로 드러난다.

파도는 돌섬을 씻으며
묻혔던 전설을
물보라로 속삭이네

아련한 투영 속에서
아리따운 여인
내 마음 설레게 손짓하네

한 겨울 산란했던 마음자락
소라의 바램으로
모래펄에 던져놓고

낮에는 따사로운 햇살이
밤에는 은은한 달빛이 도닥이는
우리 갯마을

-「갯마을」

갯가 마을 --큰 것도 아니고 그렇다고 작은 것도 아닌 갯마을의 풍광은 따스하고 아늑하다. 파도의 아우성이나 바람의 소란이 없을 것 같은 한적함을 느끼는 공간에 따스함을 품고 사는 사람들의 말소리가 조용하게 다가

오는 그런--정취가 있고 비릿한 생선냄새가 오히려 친근함으로 열리는 공간에서 시인은 조용한 '달빛이 도닥이는' 이미지에 파도소리가 겹치면서 들려온다. '속삭이네' 와 '손짓하네' 그리고 '모래펄' 은 우리 갯마을의 풍광을 보여주는 그리고 들려주는 복합 이미지가 결합하여 따스한 낮과 밤의 달빛이 '우리' 에 강조점을 두고 있다. 이런 이미지를 이끌고 오는 이름은 '파도는 돌섬을 씻으며' 에서 이동의 정서가 작동하기 때문이다. 최종한의 시는 이렇게 이동성 정서--파도와의 대화 속에 그의 삶의 원형을 감춰놓고 시심詩心을 이어가는 것 같은 느낌을 준다. 그렇다면 바다를 생각하는 시인의 육성은 어떤 절차로 나타나는가를 증거로 제시한다.

밤바다는 보는 것이 아니라 듣는 것이다
마음으로 듣는 것이다
칠흑의 밤 해변을 거닐다
바위를 때리며 포말 지는
파도를 듣고
진퇴를 거듭하는
조수를 듣고
오징어 배 집어등의 깜박임.
불빛조차 듣는다
눈뜨면 암흑인데
눈감고 듣는 밤바다는
드넓은 자태를 맘속에 펼친다
상념의 밤바다에서

눈뜬 사람보다 감은 사람이 현명한 것은
해풍이 속삭이는 바다전설의 숨결까지
느낄 수 있기 때문이다

밤바다는 보는 것이 아니라
듣는 것이다
아니 듣는 것이 아니라
느끼는 것이다

-「밤바다에서」

어둠에서 두 눈으로 보려는 것이 아니라 마음으로 듣는 일이라는 결론에 이른다. 다시 말해서 눈으로 밤바다를 바라보려는 일은 어리석은 일이 된다. 왜냐하면 '드넓은 자태를 맘속에 펼친다' 에 도달하기 위한 방편--바위를 때리는 포말과 조수를 듣고, 집어등의 깜박임과 불빛조차 눈으로 보는 일이 아니라 마음으로 들을 수 있다는 것은 매우 현명한 사람--바다의 전설과 숨결까지도 느낄 수 있다는 결론에서 단지 밤바다를 바라보는 대상으로가 아니라-- 열려진 마음을 가질 때 비로소 바다와 친밀함으로 뭉쳐지는-- 일체화의 상태를 구현할 수 있기 때문에 시인은 바다에서 시심의 진로를 찾아나가는 명상의 길을 확보한다.

2) 남대천 그리고 연어

「남대천 · 1, 2」와 「연어1~6」은 모두 시인의 고향과 상관으로 엮어진 시들이다. 고향의 정서는 시인의 정신과 밀착되어 변형의 형태로 여러 모습을 보이는 양상이 된다. 그러나 고향의 이미지는 무엇보다 친근함이 일렁이는 요인이 되면서 시의 표정으로 나타날 때, 비유나 은유 혹은 시적 장치의 다양함을 대동하고 독자 앞에 표정을 관리한다.

> 무장공비 나타나던 소문 가까운 옛날
> 남대천 뚝방 율구꽃
> 시집간 누이 얼굴처럼 수줍게 피어
> 금모래 반짝이는 여울목
> 아이들 자맥질에 놀란 은어는
> 온몸을 곧추 세워 튀어 올라
> 비수같은 광채로 추억을 일깨운다

-「남대천 · 1」에서

추억으로 다가든 고향은 '누이의 얼굴' 처럼 수줍음으로 인상되었지만 은어 그리고 여울목의 광채가 잠들었던 남대천의 추억을 불러온다. 가을 갈대의 서걱임과 가평마을 혹은 한계목의 훈장 모습에서 전통의 묵수墨守, 법수치 어성전의 풍요로운 고기와 남대천을 거슬러 정사情死로 인한 생명의 잉태, 그리고 오일장 떡전거리의 추억들이 파노라마를 연상하는 장면과 장면이 결합하면서 오래된 기억조차 친근함으로 문을 열고 다가든다. 그러나 문명의 진전을 물줄기를 마르게 했고, 강바닥의 연어는 시체로 주검을 맞아 생명의 약동이 점차 사라지는 아쉬움이 검은 그림자처럼 길어진다. 물론 남대천으로 귀향을 서두르는 것은 연어만의 소명이 아니라 인간이 회복해야할 건강성이기 때문에 시인은 다시 돌아가는 길을 강조하면서 '이제 가리라/진정 돌아가리라' 의 목청을 높이고 있음은 -- 연어만의 문제가 아닌 시인 자신의 문제로 풀어야만 한다는 문명 피해로부터 해결점을 찾아야 한다는 뜻을 시사示唆하고 있다.

남대천을 따라
집짓고 사는 사람마다
묵은 장단지 하나씩은 다 가지고 있다

깊은 장맛은 사람의 마음이다
장국 끓는 냄새는
사람 어울리는 구수함이다

집집마다 장맛을 조금씩 다르고
어느 맛이든 추억을 일깨우며
곰삭을 삶을 맛 뵌다

-「남대천 · 2」에서

추억을 회복하는 방법은 항상 요원하다. 다시 말해서 돌아 갈 수없는 길이면서 단절된 공간이지만 아름답게 채색된 이유 때문에 그립고 가야할 필연의 이름으로 남게 된다. 설사 가고픈 고향에 나이 들어 돌아간다 해도 이미 고향은 옛날과 다른 사람 그리고 변해버린 풍경이 실망을 줄 뿐이지만 변하지 않는 이유 --과거에 매달린 기억을 아름다움이기 때문에 결코 떨쳐버릴 수 없는 환상의 이름으로 자리한다. 최종한 역시 이런 과거지향의 정서를 키우는 것은 순수와 동심으로 엮어진 정서가 강함을 의미하는 것 같다. 누구나 고향의 정서와 어린 날들의 기억을 잊지 못하는 애달픈 이유를 가지고 사는 것은 돌아갈 수 없음을 알고 느끼는 일종의 갈증현상일 것이다. 삶은 곧 어떤 형태로든 갈증이 따라오는 일이기 때문이다.

3)연어의 그리움

태생의 공간--이를 일러 고향이라 말한다. 귀소歸巢 본능의 연어는 그가 태어난 땅으로 다시 돌아오는 회귀의 물고기-- 강원도 남대천은 연어의 회귀로 알려진 곳이다. 시인은 이런 현상을 분석하는 시적 발상을 보인다.

험난한 행로를 좇아
남대천을 거슬러 오르는 것은 그리움이다
그 지독한 그리움이 없었다면
넌 단지 미물에 지나지 않았으리
.....약.....
누군 별빛을 좇아온다고 했고
누군 물 냄새 맡으며 온다고 했다
그러나 너의 싸늘한 두뇌에 각인된 기억과

뜨거운 심장에 설설 끓는 그리움이 없었다면
천 수백 날
기다림의 입술 쩍쩍 갈라져
먼저 간 사람들의 내일이던 오늘
추억의 강가에서 어찌 우리 만날 수 있었으랴

-「연어 · 1」에서

연어가 회귀하는 것은 본능에서 나오는 일이겠지만 이를 굳이 별을 보고 찾아온다거나 아니면 냄새로 찾아온다는 등의 이론보다는 시인은 '그리움' 에 정답을 두고 있다. 기실 인간이 고향을 그리워하는 일도 따지고 보면 그리움으로 인해 고향을 잊지 못하는 일이 연어와 다름이 없을 것이다. 아울러 종족 보존의 방도를 실행하는 약속의 땅을 찾아가기 위해 거리距離를 헤아리지 않는 모험을 감행한다. 그리움을 논리로 분석할 수없는 것처럼 단지 '사람들은 추억으로 강을 찾고/연어들은 종족으로 강을 찾는다'「연어 · 3」와 같이 연어들은 고향에 돌아와 종족을 번식하는 약속을 이행하는 임무가 다를 뿐이다. 더불어 주검의 어둠을 받아들이는 일이 마지막 임무이자 사명이 된다. 이는 종족의 번식이라는 사명에서는 숭고하고 엄숙한 일이 인간의 귀향개념과는 다를 것이다.

주린 배 움켜쥐어 십 수 날의

고통 감내하는 이 육신 버리고
새 탄생의 기쁨 바라보아야한다

-「연어 · 5」에서

태생의 공간을 찾아가는 일이 바로 '새 탄생'을 위한 일은 본능의 이름으로 치부할 수 있지만 이를 실천하기 위해 죽음을 각오하는 여정은 생의 마지막을 연출하는 장엄한 장면을 대면하는 인간의 모습과는 다를 뿐이다. 이기심과 자만 그리고 오로지 자기만을 위해 신념을 투척하는 인간의 행동과는 확실히 다르기 때문에 인간은 연어라는 미물에 경의를 보내는 찬사를 보낼 줄 안다. '주린 배'와 '고통'을 오로지 '새 탄생'으로 최종 삶의 목적으로 삼는 연어의 일생을 고향에 대한 그리움으로 바라보는 일이 연어의 행동과는 다를지 모른다.

시는 시인의 의도를 과학적으로 꿰맞출 수는 없다. 때로 파격의 행보에서 오히려 진정한 삶의 해답이 빛날 수 있기 때문이다. 수구초심首丘初心의 그리움은 가장 고귀한 인간의 갈증이기 때문이다.

4) 시를 바라보는 시인

시인은 시를 쓰기 때문에 시인이라는 호칭을 사용한다. 여기엔 두 가지의 구분이 있게 된다. 호사스럽게 시인의 의상을 걸치고 호기를 부리는 이름만의 시인과 시에 열정을 보이면서 평생 애면글면하는 모습의 태도--전자는 시를 유린하는 가짜에 불과하고 후자에서 시의 생명은 불타오르게 된다면 최시인은 후자에 명예를 걸고 있는 것 같다.시에 대한 신념과 열정이 보이기 때문이다.

누구도 침범 못할
지하수를 길으러 두레박을 내렸다
매일 밤 두레박을 내려도
안으로만 등불을 지킬 뿐
동틀 때까지도 아프게 꿈을 꾸는데
우물 속 끝에서 걸어 나온 사람이
무거운 산을 지고 내 가슴 아프게
쐐기 박는다
불태우는 꽃처럼
소름 돋는 촛불처럼
못내 우는 내 마음
한 백년쯤 뒤
미이라로 숨쉬겠지

-「詩心 · 2」

시인은 시론으로 시를 쓰는 것은 아니다. 영감의 작동과 시를 향한 집념이 합치할 때 시의 모습을 구현하는 주술사적인 특성을 내장하기 때문이다. 때문에 시를 이론으로 풀어내는 일은 일단 암담할 뿐이다. 영감은 천래적인 요소이지만 시에 열정 혹은 열성은 후천적이고 쟁

취할 수 있는 구체적인 목표항목이다. 그렇기에 시를 쓰는 일은 열정이 오히려 더욱 중요할지 모른다. 왜냐하면 열정에서는 사랑하는 마음이 지속적으로 포함 될 수 있기에 시적 목표에 도달될 수 있는 여지가 많을 것이기 때문이다. '한 백년쯤'의 긴 시간 뒤에 비로소 미이라 즉 시로 살아날 수 있기를 염원하는 시심이 뜨겁게 다가온다. 이를 전제로 '지하수'를 들어 올리기 위해 '매일 밤'의 작업을 시도하는 열성 '아프게 꿈'을 꾸는 일상으로 살고 있기 때문이다. 어쩌면 끝없는 짝사랑의 관계일지라도 되풀이 되는 사랑의 호소는 언젠가 오랜 시간이 지나면 현신現身하는 대면의 날이 올 것을 믿는 시인의 신념을 확인한다.

시를 만나는 마음은 무엇으로 설명될 것인가? 나는 이 경우 「벌거벗은 임금님」을 예로 든다. 즉 사기꾼들인 어른들은 날마다 거짓으로 비단을 짜지만 --이 거짓의 옷을 입고 거리를 나온 왕을 보고 천진한 어린애는 "임금님은 벌거벗었어!" 라는 진정 혹은 천진함에 대한 표현은 그대로 시가 될 수 있다. 왜냐하면 시는 진실 혹은 순수의 언어 표현이기 때문이다.

마음의 창고 고이접어 간직한
동심의 연을 꺼내봅니다

헐거워진 세월의 나래

푸득푸득 날 수 있을까

-「詩心 · 4」

시는 동심童心이라야 한다. 왜냐하면 꾸밈은 이미 시가 아니라 산문에 속하기 때문이다. '동심의 연' 을 하늘에 띄우려는 발상의 시심은 천진해야 한다. 이는 마음의 창고에 쌓여있는 정서가 '고이 접어' 에서 곱게 간직하려는 시심이 이미 작동하고 있는 일상이기 때문이다. 다시 말해서 시는 복잡한 언어 장치를 마련하면서도 결국은 진실과 아름다움 그리고 순수를 향한 호소에 불과하기 때문이다. 최종한은 이런 시심을 그의 시론으로 신봉하면서 시업詩業의 길을 답파하고 있는 시인이다.

5) 부모 그리고 가족

아버지는 성城이라면, 어머니는 그 성을 지키는 성주城主쯤 되리라. 성이 공고鞏固해야 하고 또 성주의 헌신은 결국 성안의 사람을 평화롭게 만드는 중요한 몫이리라. 때로는 냉정하고 차갑게 비춰는 아버지와는 달리 어머니는 항상 다감하고 정 깊은 표정을 만나면 안도감의 행복을 가질 수 있다. 부모의 기능은 달라도 본질에서는 안정과 평화라는 목표점에서는 일치한다.

아버지!
오늘, 아버지를 불러봅니다

성큼 땅거미가 깔리고
무섬증이 계절의 한기처럼 엄습하던 내 유년의
기억에는 아버지를 부르던 습관이 없었습니다
어릴 적은 종내 어머니가 위안이었고 울타리였습니다
세월이 흘러 불혹을 지난 나이에 문득 아버지의 자리엔
저가 서 있고 아버지가 겪으시던 꼭 그만큼의 외로움에
저는 몸과 마음이 스산하여 오늘 아버지를 불러봅니다
아버지, 아버지는 저희에게 늘 변방의 성이었습니다

-「思父曲」에서

엄한 아버지와 부드러운 어머니의 대면이다. 철없던 시절에 아버지는 무섭고 접근 불가의 성이었다. 그러나 이제 아버지만큼의 나이에 이르니 아버지의 고독이 이해되는 토로이다. 묵묵히 지켜주는 파수꾼이었고 자식의 운명을 걱정하는 진정한 지킴이었다는 깨달음--불혹의 나이에서 깨달은 고백이다. 변방의 차가운 그리고 접근 불가의 성이었던 아버지에 대한 회고는 모든 아버지들의 경우와 상통하는 일이 될 때, '투박한 사랑' 의 의미 앞에 큰 이름의 아버지를 부르는 호소가 오히려 정겨운 울림이 된다.

한참 가다가 돌아 본 세월의 조각
상처마다 새롭게 피가 돌고
아린 생채기에 술을 부어
고통의 폭으로 번지는 포장마차
금간 소주잔에 어리는 얼굴
초췌하고 주름진
도리질 칠수록 질긴 끈으로 멍에 진
어머니, 어머니

-「어머니 모습」에서

아마도 어머니의 추억을 떠올리면 자상함과 헌신을 앞세울 것이다. 다시 말해서 헌신 앞에 보답의 길이 없는 처지를 불효라는 이름으로 후회할 항목-- 대부분의 어머니에 대한 회상이라면 최시인 역시 이런 일에 아픔을 보이는 부분이다. 때문에 자식을 '원수' 로 치부하는 숙명의 인연 앞에 어찌 할 방법이 없는 친밀도로 말하는 역설일 것이다. 그만큼 헌신으로 일생을 보낸 어머니의 상像이라면 자식은 영원한 부채를 가지고 살아가는 것도 일종의 효심이 될 것이다. 자식과 부모의 관계는 사랑의 이름이기 때문이다.

부부는 살아가면서 닮는다고 한다. 그럴 것이 같은 방향으로 삶을 진행시키고 같은 음식 그리고 같은 지향점을 갖고 살다보면 자연 얼굴조차 닮아가는 것은 당연할지 모른다. 물론 내재된 성격까지는 닮을 수 없을 때, 갈등은 자연스레 발생할 수도 있을 것이다.

십 년 만에 떠난 여행
남도의 끝자락
부부들의 닮은 얼굴에서
어지간히 닮은 우리를 보았고
어지간히 닮은 서로를 보았다

-「외도에서」 중

부부는 닮아지기 위해 살아갈 것이다. 서로 다른 개성과 용모로 만났을지라도 삶의 궤적을 함께하다 보면 모든 것이 유사증세로 맞추어 진다. 이런 현상은 오랜 세월동안에 깎이고 또 깎여지면서 자연스레 닮음을 유지하려는 경향이 될 것이기 때문이다. 10년만의 외출은 얼마나 닮아졌는가를 확인하는 여행이었다는 점에서 부부 확인의 기회일 것이다.

삶이 곤궁하여
세상을 버리고 싶을 때
비누냄새 향기론 늦둥이 막내딸을
가슴에 넣어본다

-「내 새끼 부여안고」에서

자식은 가슴에 있고 그 가슴을 채우는 일도 자식에게 있다. 물론 5살 박이 딸아이의 재롱을 바라보면 삶의 애환조차 녹아드는 귀여움은 자식을 키운 사람만이 알 수 있을 것이다. 세상에 자신감이 없을 때 용기를 주는 딸이고 어버이의 실패조차 위무慰撫받을 수 있는 자식에 대한 애정은 무한의 깊이를 가진 사랑의 진원지인 것이다. 사랑의 마음이 가슴에서 눈으로 들어오는 딸의 비누 냄새 속에서 미래를 염려하는 마음 또한 아비의 사랑일 것이다.

3. 시의 향기 속을 유영하면서

시는 감동일 뿐이다. 그 외의 일은 모두 시적인 것과는 다를 것이다. 감동을 잉태하는 원인은 여러 가지 사연으로 추적할 수 있겠지만, 시인의 순수와 투명한 삶의 요소들이 결합하여 복합적인 요인으로 탄생되는 감동일 것이다. 최종한의 시에는 삶의 이력이 들어 있어 쉽게 접근할 수 있는 길이 열린다. 그는 고향을 사랑하는 마음이 고향의 자연과 어울리고 이런 요소는 항상 역동적인 남대천이나 바다와 연계되어 있다. 아울러 연어의 귀소본능에서 인간의 삶에 대한 성찰이 매우 지적이다. 연어의 일생은 고향을 찾아와 주검으로 종족을 보존하는 본능에서 인간은 다시 한 번 존재의 문제로 눈을 돌리게 된다. 이런 교훈은 모두 시적인 의장意匠을 갖추고 때로는 문명에 대한 경고까지 첨가하고 있다. 삶의 성찰에서 주연主演에 초점을 맞추는 것보다 조연의 삶이 얼마나 중요한 가를 역설하는 시심에는 철학의 방황이 서성이고 있음을 본다. 최종한의 시는 단순하면서도 명쾌한 깊이를 갖춘 성찰의 시인 것 같다.*